古典文獻研究輯刊

十五編

潘美月・杜潔祥 主編

第 8 冊

20世紀《文心雕龍》研究史論（上）

李 平 著

國家圖書館出版品預行編目資料

20 世紀《文心雕龍》研究史論（上）／李平　著 — 初版 —
新北市：花木蘭文化出版社，2012〔民 101〕
目 2+160 面；19×26 公分
（古典文獻研究輯刊 十五編；第 8 冊）
ISBN：978-986-254-991-9（精裝）
1. 文心雕龍　2. 研究考訂
011.08　　　　　　　　　　　　　　　　　　101015063

古典文獻研究輯刊
十五編　第 八 冊　　　　　　ISBN：978-986-254-991-9

20 世紀《文心雕龍》研究史論（上）

作　　者　李平
主　　編　潘美月　杜潔祥
總 編 輯　杜潔祥
企劃出版　北京大學文化資源研究中心
出　　版　花木蘭文化出版社
發 行 所　花木蘭文化出版社
發 行 人　高小娟
聯絡地址　新北市永和區中正路五九五號七樓
　　　　　電話：02-2923-1455／傳真：02-2923-1452
網　　址　http://www.huamulan.tw 信箱 sut81518@gmail.com
印　　刷　普羅文化出版廣告事業
初　　版　2012 年 9 月
定　　價　十五編 26 冊（精裝）新台幣 42,000 元

20世紀《文心雕龍》研究史論（上）

李　平　著

作者簡介

李平，男，1962 年 2 月生，安徽蕪湖人。現為安徽師範大學文學院教授，《學語文》雜誌主編，中國《文心雕龍》學會常務理事。主要從事中國古代文論和中國文化的教學和研究工作。著作有：《文心雕龍綜論》、《中國文化散論》、《氣功與中國文化》、《道教文化》、《梁啟超傳》等。另在加拿大《文化中國》，香港《東方文化》、《中國文化研究所學報》，臺灣《中國文化月刊》以及大陸《文藝研究》、《文藝理論研究》、《孔子研究》、《周易研究》、《古代文學理論研究》、《文心雕龍研究》、《文藝理論與批評》、《外國文學評論》、《文獻》、《東方叢刊》、《江海學刊》、《學術界》等學術刊物上發表論文五十餘篇。

提　　要

　　《文心雕龍》是一部「體大思精」的文學理論巨著，研究《文心雕龍》的「龍學」已成為海內外「顯學」。明清以來，特別是進入 20 世紀以後，有關《文心雕龍》的研究成果可謂汗牛充棟，梳理這些研究成果並對之進行客觀、公允地分析、評價，是今天「龍學」界的當務之急。本書以 20 世紀《文心雕龍》研究中的重大成果為主要研究對象，先對 20 世紀《文心雕龍》研究進行整體的回顧與反思，接著對 20 世紀 9 位各具特色的著名「龍學」家──黃侃、范文瀾、楊明照、王利器、王元化、詹鍈、牟世金、王更生、祖保泉──進行個案分析，其重點不在於對 20 世紀《文心雕龍》研究作歷時性的平面描述，而主要通過對經典著作的深入、細緻的分析和考證，理清版本源流、文體特色，並將其置於 20 世紀《文心雕龍》研究史的整體背景中進行考察、研究，揭示其價值、意義和地位，且對研究對象存在的不足及可商榷的觀點提出異議，與其進行對話，力求做到不偏不倚，以點帶面，點面結合。這是本書不同於一般的文心雕龍研究史的地方，也是其原創性之所在。在具體研究過程中，根據研究對象的不同，靈活採用不同的方法，將史論結合、比較對照、文獻考證和統計列表等方法融為一體，力求論證科學嚴謹，結論紮實可靠。全書以人為綱，以論為主，史論結合，綜合起來又能見出 20 世紀《文心雕龍》研究史的整體風貌特徵，具有十分重要的學術價值。

目

次

下　冊

緒論：20世紀《文心雕龍》研究的回顧與反思

現代「龍學」研究始於 20 世紀初，回顧 20 世紀《文心雕龍》研究的狀況，總結其成績與不足，對未來的《文心雕龍》研究大有裨益。

一、「龍學」開創期的研究狀況

1914～1949 年爲現代「龍學」的開創期。這一時期處於文本清理和資料積累的階段，雖然產生了黃侃的《文心雕龍劄記》和范文瀾的《文心雕龍注》兩部不朽的著作，但總體研究水平尚低，大部分論著和文章都屬於評介性質，缺乏深入的理論研究和問題討論。當然，這種情況也是草創時期所難免的。

「龍學」界一般認爲：1914 年黃侃把《文心雕龍》作爲一門學科搬上大學講壇，標誌著現代意義「龍學」的誕生；而他爲授課撰寫的講義《文心雕龍劄記》，〔註 1〕則成爲現代「龍學」研究的奠基作。《劄記》從傳統的校注、評點中超越出來，開創了把文字校勘、資料箋證和理論闡述三者結合起來的研究方

〔註 1〕 黃侃哲嗣黃念田在《文心雕龍劄記・後記》中說：「先君以西元 1914 年至 1919 年間任教於北京大學，用《文心雕龍》等書課及門諸子，所爲《劄記》三十一篇，即成於是時。」《劄記》於 1925 年起在《華國月刊》連載，至 1927 年集《神思》以下二十篇成書，交北平文化學社印行。1935 年黃侃逝世後，前南京中央大學所辦《文藝叢刊》又將《原道》以下十一篇發表。1947 年四川大學中文系曾將上述三十一篇合印一冊，在校內交流，絕少外傳。1962 年中華書局上海編輯所將三十一篇合爲一集，由黃念田重加勘校，並斷句讀，正式出版。至此，《劄記》全璧方流行於世。

法，給人以全新的視野，「從而令學術思想界對《文心雕龍》之實用價值，研究角度，均作革命性之調整」。〔註2〕全書重點落在三十一篇主旨的闡釋上，因為黃氏學殖深厚，又頗具創作經驗，故其主旨探求多有創獲，對《文心雕龍》現代文學理論研究啓迪尤甚，至今仍是《文心雕龍》研究的必備參考書。

范文瀾的《文心雕龍注》是緊隨黃侃《劄記》而出的又一部「龍學」研究力作，〔註3〕被認為是《文心雕龍》研究史上的一座里程碑。梁啓超為之序云：「展卷誦讀，知其徵證詳覈，考據精審，於訓詁義理，皆多所發明，薈萃通人之說，而折衷之，使義無不明，句無不達，是非特嘉惠於今世學子，而實有大勳勞於舍人也，爰樂而為之序。」〔註4〕「范注」是《文心雕龍》注釋由傳統向現代轉型的開始，它繼承黃侃的三結合研究方法，在校注方面網羅古今，擇善而從，上補清人黃叔琳、李詳的疏漏，下啓今人楊明照、王利器的精審，具有承前啓後、繼往開來的重要意義。此外，「范注」之被視為《文心雕龍》研究史上劃時代之作，還得力於以下三點：一是「范注」開始重視釋義研究，對書中的一些重要名詞概念和理論術語作了較為清晰的闡釋；二是「范注」仿裴松之《三國志注》和劉孝標《世說新語注》的體例，對劉勰所論作品「悉為抄入」，這不僅有利於對原文的理解，而且便於讀者翻檢；三是「范注」在《文心雕龍》理論研究方面提出了一些具有較高學術價值的深刻見解，如關於《文心雕龍》寫作方法受到釋書影響的問題，關於《文心雕

〔註2〕 參見李曰剛：《文心雕龍斠詮》，臺灣中華叢書編審委員會 1982 年印行，第 2515 頁。

〔註3〕 「范注」是作者在任教於南開大學時「口說不休，則筆之於書」的基礎上寫成的，據趙西陸說脫稿於 1923 年。1925 年由天津新懋印書館以《文心雕龍講疏》為名刊行，1929～1931 年北平文化學社分上中下三冊出版時更名為《文心雕龍注》，1936 年上海開明書店出版七冊線裝本。北平文化學社本係根據新懋印書館《講疏》大加修訂而來，開明書店本又是從文化學社本施以若干修訂而來，至此「范注」基本定型。1958 年經作者又一次核對訂正，人民文學出版社（原古籍刊行社或古典文學出版社）分二冊重印，這就是現在流行的本子。據王利器《我與〈文心雕龍〉》一文回憶，作者五十年代在文學刊行社工作時，曾擔任范文瀾《文心雕龍注》重版的責任編輯。他說：開始范老不同意重印這部書，認為是「少作」，存在不少問題。作者表示這次做責任編輯，一定盡力把工作作好。在整理過程中，作者訂補了 500 多條注文，交范老審定時，他完全同意，並主張著者應署兩人的名字。詳見《王利器學述》，浙江人民出版社，1999 年版，第 222～223 頁。

〔註4〕 梁啓超為范文瀾《文心雕龍講疏》所作之序，見《范文瀾全集》第三卷，河北教育出版社 2002 年版。

龍》結構體系的問題等，都對後來的研究產生了很大的影響。雖然「范注」還存在一些明顯的不足，中外學者為之增補駁正者代不乏人，〔註5〕但是「范注」至今仍是最通行的《文心雕龍》讀本，仍是「龍學」入門的階石。

　　《箚記》和「范注」的相繼問世不僅揭開了現代「龍學」的序幕，而且為現代「龍學」研究確立了一個高水準的起點，致使本期其他一些《文心雕龍》注釋和研究著作顯得黯然失色。例如：葉長青的《文心雕龍雜記》（1933）、莊適選注的《文心雕龍》（1934）、朱恕之的《文心雕龍研究》（1944）、杜天縻的《廣注文心雕龍》（1947）等，在《文心雕龍》研究史上雖小有貢獻，然均未產生什麼影響。其中只有劉永濟的《文心雕龍校釋》（1948）頗具特色，解放後修訂重版產生較大影響。

　　在現代「龍學」開創期的三十多年中 ，發表了《文心雕龍》的研究文章近百篇，其中有關校注的二十餘篇，序跋評介和書後箚記約三十篇，涉及理論研究的約四十篇。「總的看來，這些文章的基本特點是鮮有深入的專題研究，大多是一般性的概述泛論。雖有論通變、論史學、論隱秀等幾個專題，也很少作理論上的探討。」〔註6〕儘管如此，還是有一些文章值得重視，如楊鴻烈的《〈文心雕龍〉的研究》〔註7〕、吳熙的《劉勰研究》、徐善行的《革命文學的——〈文心雕龍〉》、劉節的《劉勰評傳》、梁繩禕的《文學批評家劉彥和評傳》、霍衣仙的《劉彥和評傳》、李仰南的《〈文心雕龍〉研究》、楊明照的《梁書‧劉勰傳箋注》等。這些文章在高度讚揚劉勰和《文心雕龍》的同時，還涉及到劉勰身世的考證，《文心雕龍》一書的性質，《文心雕龍》與佛教的關係，劉勰的批評觀等一系列問題，為後來深入的專題研究奠定了基礎。

二、「龍學」發展期的研究狀況

　　1950～1964年為現代「龍學」的發展期。經過幾十年的積累和發展，本期的「龍學」研究有了長足的進步，主要表現在：校、注、釋方面的力作相

〔註5〕　如大陸楊明照有《文心雕龍范注舉正》，臺灣王更生有《文心雕龍范注駁正》，日本斯波六郎有《文心雕龍范注補正》。

〔註6〕　牟世金：《「龍學」七十年概觀》，載《文心雕龍研究論文集‧序》，人民文學出版社1990年版，第6頁。

〔註7〕　楊鴻烈是梁啟超晚年入室弟子，先是私塾弟子，後又考入清華國學研究院，追隨梁師讀書，畢業後又因梁的推薦任教南開大學。

繼出現，爲普及而進行的今譯工作初見成效，論文的數量、質量和視野都較前期有了很大的提高。

　　本期《文心雕龍》校注、釋義方面的重要著作有王利器的《文心雕龍新書》（1951）〔註8〕、楊明照的《文心雕龍校注》（1958）〔註9〕、劉永濟的《文心雕龍校釋》（1962）。〔註10〕《新書》爲作者在北大講授《文心雕龍》時寫成，所謂「新書」，取法劉向，謂如先秦古籍一經劉向校勘，遂稱之爲「新書」。該書爲巴黎大學北京漢學研究所出版，國內很少流傳，後經作者加工，改名爲《文心雕龍校證》由上海古籍出版社於 1980 年出版，方在「龍學」界廣爲流傳。《校注》是在清人黃叔琳注和李詳補注的基礎上進行「校注拾遺」，全書先印《文心》原文，次附黃注和李氏補注，末以作者的校注拾遺殿後。該書貢獻有三：一是首次完整地徵錄了李詳補注全文，使廣大讀者在補注很難見到的情況下得以窺其全貌；二是補「范注」之罅漏，校字徵典更精更細且多發前人所未發；三是附錄「歷代著錄與品評」、「前人徵引」、「群書襲用」、「序跋」、「版本」五個部分，以見《文心雕龍》在歷史上的流傳與影響並給研究者提供相當多的便利。《校釋》初版時爲適應教學需要，對《文心》篇次有所調整；新版則恢復原書篇次順序，校字釋義也有較大的增補。該書主要價值在釋義方面，作者已不滿足對本文的字句校勘和典故引證，而是在黃侃《劄記》的基礎上，沿著釋義的路子向前拓進，力求闡明劉勰論文之大旨，發揮本文幽深之意蘊，使《文心》義理闡釋向前邁進了一大步。〔註11〕詹鍈評曰：「劉永濟《文心雕龍校釋》，因所據版本較少，校勘方面無多創獲，但

〔註8〕　作者爲配合《文心雕龍新書》，還依據《文心雕龍》本文編纂成索引工具書《文心雕龍新書通檢》一冊，巴黎大學北京漢學研究所 1952 年出版。

〔註9〕　據該書《後記》所云，作者在重慶大學讀書時，主攻《文心雕龍》，「研閱既久，覺黃、李兩家注實有補正的必要。偶有所得，便不揣固陋，分條記錄。後得范文瀾先生注本，歎其取精用弘，難以幾及；無須強爲操觚，再事補綴。但既已多所用心，不願中道而廢，於是棄同存異，另寫清本。以後如有增補，必先檢范書然後載筆。不到三年，又積累了若干條」。1936 年夏，作者將其研究成果清寫成冊，作爲大學畢業論文。同年秋，作者入燕京大學研究院，「在導師郭紹虞先生指導下，仍繼續這方面的研究。多方參稽，所得比過去稍多」，直到 1957 年作者才交古典文學出版社出版。

〔註10〕　作者還編有講義本《文心雕龍徵引文錄》和《文心雕龍參考文錄》二種。

〔註11〕　劉永濟曾對黃侃弟子程千帆說：「季剛的《劄記》，《章句篇》寫得最詳；我的《校釋》，《論說篇》寫得最詳。」作者以精於小學推黃侃，以長於議論許自己，頗有《校釋》不讓《劄記》之意。

在釋義方面每有卓見。」〔註12〕牟世金也說:「從 1955 年到 1964 年的十年間，出現了《文心雕龍》研究的全新面貌。楊明照的《文心雕龍校注》和劉永濟的《文心雕龍校釋》，是這十年內《文心雕龍》研究的重要收穫。兩書都是他們多年研究的碩果，在國內外都有深遠的影響。」〔註13〕

　　解放後，特別是五十年代末六十年代初，《文心雕龍》受到越來越多的人的喜愛和關注，為滿足廣大讀者的閱讀需求，本著古為今用的原則，《文心雕龍》的今譯工作艱難地起步了。當時《文藝報》主編張光年同志率先開始了語體翻譯的嘗試，〔註14〕接著周振甫在《新聞業務》、趙仲邑在《作品》、劉禹昌在《長春》上，分別連載發表了《文心雕龍》部分篇目的翻譯。特別值得一提的是:陸侃如、牟世金合譯的《文心雕龍選譯》（上下）和郭晉稀翻譯的《文心雕龍譯注十八篇》於 1962～1963 年相繼問世，成為我國最早的《文心雕龍》譯本。這兩部普及性的譯本，都採用直譯方式，譯文深入淺出，對當時讀者學習《文心雕龍》有較大幫助。

　　本期理論研究的專著只有陸侃如、牟世金的《劉勰論創作》（1963）一部，而且其中譯注還占了一半。〔註15〕但是單篇論文卻取得了較大的成績，在十五年的時間裏，共發表論文一百八十多篇，其中前十年約有三十篇，而後五年多達一百五十篇。這些論文大多運用馬克思主義的觀點和方法對《文心雕龍》進行分析和研究，雖有生搬硬套的公式化痕迹，但在理論上確有不少新的突破。在對《文心雕龍》進行全面綜合論述的文章中，劉綏松的《〈文心雕龍〉初探》和郭紹虞的《試論〈文心雕龍〉》值得重視。兩文作者都試圖在新

〔註12〕詹鍈:《文心雕龍義證》，上海古籍出版社 1989 年版，第 6 頁。

〔註13〕牟世金:《〈文心雕龍〉研究的回顧與展望》，載《文心雕龍學刊》第 2 輯，齊魯書社 1984 年版。

〔註14〕張光年在當時給《文藝報》編輯講《文心雕龍》時，試著翻譯了一些篇目。《中華文史論叢》1983 年第 3 輯發表了張光年翻譯的《神思》、《體性》、《風骨》、《通變》、《定勢》、《情采》六篇。

〔註15〕該書 1963 年安徽人民出版社初版，1982 年由牟世金修訂再版。初版分「引言」、「譯注」、「附錄」三部分，「引言」概述劉勰生平思想及其文學理論，「譯注」為《神思》、《體性》、《風骨》、《通變》、《情采》、《鎔裁》、《誇飾》、《物色》八篇，「附錄」收《〈文心雕龍〉中有關現實主義的論點》、《〈文心雕龍〉中有關浪漫主義的論點》、《劉勰論詩的幻想和誇飾》、《〈文心雕龍〉術語初探》四篇論文。新版改為「論述」和「譯注」兩部分，「論述」共收六篇論文，除初版四篇論文外，另收《劉勰及其文學理論》（由初版「引言」修改而成）、《〈文心雕龍〉創作論初探》兩篇;「譯注」除初版所選八篇外，新增《比興》、《總術》兩篇。

觀點和方法指導下，立足於現代文論，對《文心雕龍》的理論價值進行深入的研究。所以，儘管兩文的行文特點和論證方法各有不同，但還是得出了不少相似的結論。例如，兩文作者都認爲劉勰是根據儒家進步的文藝思想來建立「接近現實主義的文學理論」，反對齊梁「內容上的頹廢主義和形式上的唯美主義」，通過宗經復古以求通變革新，追求思想內容與形式技巧的辨證統一。

這一時期的許多論文涉及到《文心雕龍》的專題研究，其中劉勰的思想、現實主義與浪漫主義、風骨和藝術構思等幾個問題的研究比較突出。劉勰的思想是本期討論的熱點之一。關於劉勰的思想是儒家還是佛家、唯物還是唯心，形成了兩種對立的意見。吉谷《〈文心雕龍〉與劉勰的世界觀》一文認爲：劉勰的「指導思想是儒家樸素唯物主義思想」。張啓成《談劉勰〈文心雕龍〉的唯心主義本質》一文認爲：「佛教思想是劉勰的主導思想。因此貫穿在《文心雕龍》中的一些主要觀點也必然會受這主導思想所支配。」所以，《文心雕龍》的「基本核心卻是唯心主義的」。除張啓成主佛家思想外，大部分學者，如劉綏松、陸侃如、楊明照、王元化等，都主儒家思想；認爲唯心的還有炳章、曹道衡等，但主唯物的仍屬多數，如陸侃如、祖保泉、翁達藻等。其實，思想問題是個複雜的問題，宗教派別與思想屬性、世界觀與文學觀之間都不能簡單地劃等號。所以，論者一般都不絕對地認爲劉勰就是徹底的唯物主義或唯心主義、就是完全的儒家或佛家。然而，受時代的影響，論者一般都有「唯物」傾向偉大、「唯心」接近渺小的思想意識。

爲配合當時文藝界現實主義和浪漫主義兩結合創作方法的研究，本期「龍學」研究中很多論者也對《文心雕龍》中涉及的現實主義和浪漫主義問題展開了熱烈的討論。前面提到的劉綏松和郭紹虞兩文都肯定《文心雕龍》接近於現實主義，後來陸侃如、牟世金又發表《劉勰有關現實主義的論點》一文，比較全面地總結了《文心雕龍》中的現實主義文學理論。同時，一些論者也注意到劉勰有關浪漫主義的論述。葆福和廣華的《劉勰對於浪漫主義的態度問題》、陳鳴樹的《劉勰論浪漫主義》、陸侃如和牟世金的《劉勰有關浪漫主義的論點》、張碧波的《劉勰的浪漫主義創作論初探》等文，都對《文心雕龍》中的浪漫主義因素進行了分析。這些分析基本以《辨騷》、《誇飾》爲依據，認爲劉勰已經接觸到浪漫主義精神。但是，在有關劉勰的浪漫主義是積極的還是消極的、劉勰是否已明確認識到浪漫主義的特徵以及他對浪漫主義的態度是排斥還是贊同等問題上，分歧仍然很大。

有關「風骨」內涵的討論爭議最大、分歧最多。黃侃在《劄記》中曾提出「風即文意，骨即文辭」的論斷，開「風骨」研究之先河。對黃侃意見或贊同或反對，或發展或修正，形成本期有關「風骨」討論的二十多種觀點，歸納起來約有四類：一是舒直提出的與黃侃完全相反的意見，即「『風』就是文章的形式，『骨』就是文章的內容；而且『骨』是決定『風』的，也就是內容決定形式。」〔註16〕這種觀點未免簡單武斷且有標新立異之嫌。二是基本贊同黃侃的意見但又有新的補充和發展，如有人認為：「『風』是對文章情志方面的一種美學要求」，「『骨』是對文章詞語方面的一種美學要求」。〔註17〕代表人物有陳友琴、商又今、吳調公、郝昺衡、陸侃如、寇效信等。三是認為「風骨」皆指內容而言，並無文意文辭之別。代表人物有廖仲安、劉國盈、郭晉稀、潘辰、曹冷泉、郭預衡等。持此論者多據《附會》篇「情志為神明，事義為骨髓」一語立論，認為「風」指「情志」，「骨」指「事義」，「風骨」並屬內容。然而，脫離《風骨》篇而言「風骨」，結論自然難安。所以有人說「把《風骨》篇中的骨解釋為情志或事義，那是無論如何也講不通的」。〔註18〕四是把「風骨」與風格聯繫起來，認為「風骨」是劉勰推崇的「標準風格」、「理想風格」，或是風格形成的條件、方法。各種觀點競相呈放，各家新說聚訟紛紜，終於使抽象而又複雜的「風骨」問題的討論「在整個《文心雕龍》研究中的比重占了第一位」。〔註19〕《光明日報‧文學遺產》290 期（1959 年 12 月 6 日）還特別發表了編輯部的《關於「風骨」的解釋——來稿綜述》一文，介紹一些未發表的文章的基本觀點，同時指出討論應「從大處著眼，用馬克思列寧主義的尺度實事求是地（最好多舉作品實例證明）評述我國文學理論遺產，不要只膠著在個別辭彙的解釋上」。

除上述三個專題外，《文心雕龍》中的藝術構思問題也受到論者的關注，楊明照的《劉勰論作家的構思》、張文勳的《劉勰對文學創作的形象思維特徵的認識》，就是這方面的重要文章。另外，對《神思》篇的研究也與這一問題相連，主要文章有宋漱流的《飛騰吧，想像的翅膀——讀〈文心雕龍‧神思〉篇》、梁宗岱的《論〈神思〉》、黃海章的《讀〈論神思〉》、王元化的《〈神思

〔註16〕見《光明日報》1959 年 12 月 6 日《關於「風骨」的解釋》。
〔註17〕寇效信：《論「風骨」——兼與廖仲安、劉國盈二同志商榷》，載《文學評論》1962 年第 6 期。
〔註18〕王運熙：《〈文心雕龍〉風骨論詮釋》，載《學術月刊》1963 年第 2 期。
〔註19〕牟世金：《近年來〈文心雕龍〉研究中存在的幾個問題》，載《江海學刊》1964年 1 月號。

篇〉虛靜說束釋》等。還有《辨騷》篇爲何列入「文之樞紐」,《鎔裁》篇的「三準」論以及劉勰的美學思想等問題,也都有專文研究。〔註20〕

「龍學」發展期在不少問題上都取得了一些成績,但也存在一些問題。受當時政治氣候的影響,論者對劉勰思想和現實主義與浪漫主義問題的研究,都不同程度地表現出功利主義的傾向,牽強附會、生搬硬套時或有之。在「風骨」的研究中,多數文章侷限於概念的討論,不僅缺乏從文化背景、時代風尚的宏觀角度對「風骨」進行研究,而且將「風骨」與文學史上大量作品聯繫起來進行分析的文章也不多。總起來看,本期的「龍學」研究還主要是提出問題、討論問題,深入細緻的理論分析、高屋建瓴的宏觀把握還有待於下一時期的「龍學」研究。

三、「龍學」繁盛期的研究狀況

十年「文革」不僅是一場政治浩劫,而且也使《文心雕龍》的學術研究嚴遭摧殘,「龍學」停滯不前。「文革」結束,「龍學」復興。1977 年以來的二十年,《文心雕龍》的研究進入繁盛期。據不完全統計,本時期出版的「龍學」專著近七十種,論文則有一千多篇,遠遠超過前兩期的總和。

一、專　著

專著大致可以分爲校注譯釋、理論研究、工具書和論文集四大類。

（一）校注譯釋

校、注、譯、釋方面,本期取得了重大成果。王利器的《文心雕龍校證》（1980）和楊明照的《文心雕龍校注拾遺》（1982）堪稱《文心雕龍》校勘史上的雙子星座。王氏《校證》由原來的《新書》增訂而來,作者在《序錄》中自云:「本書的主要貢獻是搜羅《文心雕龍》的各種版本,比類其文字異同,終而定其是非」。該書重在校勘,所據重要版本達 28 種,校訂精細,無愧爲一部集大成的校本。楊氏《拾遺》在原《校注》的基礎上省去了《文心》原

〔註20〕 王運熙:《劉勰爲何把〈辨騷〉列入「文之樞紐」》,載 1964 年 8 月 23 日《光明日報》;劉永濟:《釋劉勰的「三準」論》,載《文學研究》1957 年第 2 期;郭味農:《關於劉勰的「三準」論》,載《文學遺產增刊》1962 年第 11 輯;於維璋:《劉勰的美學思想初探》,載《山東大學學報》1962 年第 1 期。

文和黃注李補，以增加校注。全書取精用弘，參校各種版本、校注本六十種，引用文獻六百多種，對前人校注中的疑難訛誤多有補正。附錄將長期積累的歷代著錄、品評、采摭、因習、引證、考訂、序跋、版本等材料分別輯錄，搜羅完備，有「研究《文心雕龍》的小百科全書」之譽。校勘方面值得一提的還有林其錟、陳鳳金伉儷爲「元至正本《文心雕龍》」和「敦煌遺書《文心雕龍》殘卷」所做的「掃葉拂塵」的校勘工作。《文心雕龍敦煌殘卷》是現存最早的寫本，戶田浩曉教授認爲它在校勘上有六善：一曰可糾形似之訛，二曰可改音近之誤，三曰可正諸序之倒錯，四曰可補脫文，五曰可去衍文，六曰可訂正記事內容。元至正本《文心雕龍》爲現存最早的刻本。唐元之間，宋本《太平御覽》引《文心雕龍》諸篇文字又可補唐寫本殘卷的不足。林、陳二位多年致力於《文心雕龍》唐、宋、元版本的校勘，終成《敦煌遺書文心雕龍殘卷集校》（附《宋本太平御覽引文心雕龍輯校》）和《元至正本文心雕龍彙校》一書，嘉惠士林，功勞實大。

　　周振甫的《文心雕龍注釋》（1981）是「范注」以來最爲完備的白話注釋本。該書因其「融會貫通、深入淺出」而備受讀者歡迎。以往黃叔琳、范文瀾、楊明照三家注皆詳於典實，該書則因詞、義兼釋而形成自己的特色。譯注方面本期有較多的著作問世，特別是原先的一些選譯本逐漸發展爲全譯本。例如：陸侃如、牟世金的《文心雕龍選譯》由牟世金補譯二十五篇而成《文心雕龍譯注》（1981），郭晉稀的《文心雕龍譯注十八篇》增補爲《文心雕龍注譯》（1982），周振甫於本期撰寫的《文心雕龍選譯》（1980）也很快擴展爲《文心雕龍今譯》（1986）。全譯本還有趙仲邑的《文心雕龍譯注》（1982）、向長清的《文心雕龍淺釋》（1984）、賀綏世的《文心雕龍今讀》（1987，其中十六篇爲摘譯）、龍必錕的《文心雕龍全譯》（1992）、李蓁非的《文心雕龍釋譯》（1993）、王運熙、周鋒的《文心雕龍譯注》（1998）等。此外還有一些選譯、選釋、選析本，如鍾子翺、黃安禎的《劉勰論寫作之道》（1984）、穆克宏的《文心雕龍選》（1985）、張長青、張會恩的《文心雕龍詮釋》（1982）、祖保泉的《文心雕龍選析》（1985）。諸譯本雖然各有特色，但在理解上差異還是太大，以致譯文各異，讀者難以適從。比較而言，陸、牟的《譯注》影響更大一些。因爲作者堅持在「讀懂原文，搞清本義」的前提下著手翻譯，注文不避難點，譯文以直譯爲主，力求表其意蘊，故而讀來頗爲可信。

　　校注譯釋方面還有兩部著作值得重視，這就是詹鍈的《文心雕龍義證》

（1989）和祖保泉的《文心雕龍解說》（1993）。《義證》的最大特點是取材弘富，全書一百三十多萬字，校字釋義時廣泛收集古今中外的各種材料，以求片善不遺，實際帶有「集注」的性質。然而在求全的同時，也暴露出一些選擇不夠精當的毛病。《解說》是作者在《選析》的基礎上增訂擴充而來，全書七十萬字，主要由注釋和解說兩部分構成，注釋簡明而解說詳盡。各篇解說均就原文所提出的主要問題展開論證，對歷來認爲重點、難點問題，更是詳加剖析，且多有精解新見，具有長於理論分析的特色。

（二）理論研究

理論研究方面的專著又可分爲綜合研究和專題研究兩種。綜合研究方面有陸侃如、牟世金的《劉勰和文心雕龍》（1978）、詹鍈的《劉勰與文心雕龍》（1980）、張文勳、杜東枝的《文心雕龍簡論》（1980）、孫蓉蓉的《文心雕龍研究》（1994）等，這些綜合研究大都屬於概述一類，既注意「龍學」知識的普及，又不失自己的獨到見解，且篇幅適中，於一般「龍學」愛好者大有裨益。此外，牟世金晚年抱病撰寫的《文心雕龍研究》（1995）則堪稱綜合研究中的扛鼎之作，它是牟先生一生《文心雕龍》研究的總結性著作，是對《文心雕龍》的再認識再估價。王元化在該書《序》中說：「書中那些看來平淡無奇的文字，都蘊涵著作者的反覆思考、慎重衡量，其立論之嚴謹，斷案之精審，我想細心的讀者是可以體察到作者用心的。」〔註21〕

專題研究的範圍比較廣，涉及到《文心雕龍》創作論、風格學、文學史論、美學思想和理論體系諸多方面。王元化的《文心雕龍創作論》（1979）在本期理論研究方面影響最大，該書是黃侃《箚記》以來《文心》義理闡釋方面令人耳目一新的又一部力作。作者把熊十力「根底無易其固而裁斷必出於己」的警句作爲理論研究的指導原則，以三個結合（古今結合、中外結合、文史哲結合）爲具體研究方法，憑藉其深厚的國學修養和嫻熟的現代美學理論知識，通過嚴謹細緻的考證，全面深入的比較，將《文心雕龍》創作論上陸到現代文藝理論的高度，作出了今天應有的科學「裁斷」，眞正實現了《文心雕龍》闡釋由傳統向現代的轉型。因此，該書不僅爲《文心雕龍》研究，而且也爲古代文論研究開闢了一條新的道路。

詹鍈的《文心雕龍的風格學》（1982），把風格當作貫穿《文心》全書的

〔註21〕王元化：《〈文心雕龍研究〉序》，見牟世金《文心雕龍研究》，人民文學出版社 1995 年版，第 2 頁。

重要理論問題進行全面系統的研究，具有開創性。作者認為「風骨」是劉勰主張的最理想風格，進而詳細論述了個性與風格、才思與風格、時代與風格、文體與風格的關係。然而，全面系統地論述風格問題，稍有不慎便會產生龐雜的弊端。正像有人指出的，詹先生把與風格相關的論述都當作風格本身來闡述，顯得龐雜而失之準確。張文勳的《劉勰的文學史論》（1984），則系統清理了劉勰的文學發展史觀。該書從論述《文心》中的「文學發展史總論」開始，進而就「先秦文學」、「秦漢文學」、「建安正始文學」、「兩晉及宋齊文學」分別展開分析，揭示了劉勰豐富而深刻的文學史意識。略嫌不足的是，該書未能將劉勰的文學史觀放在整個古代文論的大背景中加以考察，探索其成因，指明其影響。

　　《文心雕龍》的美學研究成為本期理論研究的一個熱點，與上期只有一篇研究劉勰美學思想的論文形成鮮明對照，本期不僅有二十多篇專題論文，而且還出版了四部專著，即繆俊傑的《文心雕龍美學》（1987）、易中天的《文心雕龍美學思想論稿》（1988）、趙盛德的《文心雕龍美學思想論稿》（1988）、韓湖初的《文心雕龍美學思想體系初探》（1993）。繆著試圖站在時代文藝理論的高度，運用比較的方法，考察《文心雕龍》的美學思想，指出它在世界美學史上應有的地位。易著是在其碩士學位論文的基礎上加工而成，作者從文學本體、創作規律和審美理想三個方面著手分析，以揭示《文心雕龍》蘊含的美學理論體系。趙著則在有限的篇幅裏探討了劉勰的美學觀、《文心》的美學理論體系和審美理想等問題。韓著重在對劉勰與黑格爾的美學思想進行全方位的比較研究。上述論著都在《文心雕龍》美學思想研究方面進行了有益的探索，但同時也暴露出一些問題。有的分析尚停留在現象的羅列上，缺乏對《文心》深層美學意蘊的揭示和探源；有的論述前後概念不一致，對《文心》美學範疇缺乏精確的理解；有的比較研究顯得牽強附會，未能準確把握由中西不同文化特質導致的審美價值和審美理想的差異性。相比之下，最近出版的寇效信遺著《文心雕龍美學範疇研究》，倒是一部功力深厚、考辨精審的《文心雕龍》美學研究專著。

　　《文心雕龍》理論體系問題在前期一直沒有正面的專題研究，而在本期則成為論者關注的焦點之一。從1981年牟世金發表第一篇專論《文心雕龍的總論及其理論體系》以來，至今已有二十多篇這方面的文章，且有好幾部專著問世。杜黎均的《文心雕龍文學理論研究和譯釋》（1981），認為《文心雕

龍》建立了一個嚴密完整的文學理論體系，這個體系由「文學和現實」、「內容和形式」、「文學的特徵」等七個部分組成。為了幫助讀者認清《文心雕龍》的理論體系，作者還在「范注」二表的基礎上制訂了一份更為詳細的「《文心雕龍》文學理論體系表」。該書的最大問題是為劉勰套西裝，作者不是經過嚴密的考證而是隨意運用現代文學理論的觀點解釋劉勰的文學理論，這種隨意拔高的做法是不可取的。張少康的《文心雕龍新探》（1987）是一部著力探討劉勰文學理論體系的著作，該書的最大特點是從文史哲多層面收集材料，以辨明劉勰文學理論的歷史背景和思想淵源。全書儘管也是從文學的本質與起源、構思與想像、主觀與客觀、內容與形式等現代文學理論觀點出發，研究劉勰的文學理論體系，但由於作者立足於材料的發掘與整理，所以觀點雖新，卻能言之成理，持之有故。石家宜的《文心雕龍整體研究》（1993）則另有高見，該書在作整體研究時，並沒有用現代文學理論概念將劉勰著作任意切割、組合，而是客觀地從原著自身各部分之間的關係中尋找統一性的根據，這構成了該書的鮮明特色。作者把《文心》上篇頭五篇與下篇頭五篇當作全書總的指導思想和「商榷文術」的綱領，指出這兩部分之間的「體」與「用」的關係，實際上就是《文心》上篇與下篇之間的內在聯繫。作者認為這樣做，「就像牽住了對《文心雕龍》進行整體研究的牛鼻子」。應該說這是一種貼近古人、切合原著的好方法，祇是在具體操作時效果沒有作者預想的那麼好，可能因為書中大部分內容是由以往論文構成，作者尚未及對其進行綜合改造所致。

以上幾方面的專題研究均能縱貫全書，突破了以往單純的總論、文體論、創作論和批評論的研究模式，表明「龍學」研究的總體水平在提高。然而，相對於校注來說，理論研究還是比較薄弱，像王元化的《文心雕龍創作論》和牟世金的《文心雕龍研究》那樣功底深厚又具有突破性的權威著作，畢竟太少了！

（三）工具書

本期《文心雕龍》研究興盛發達的一個重要表現就是出現了一批「龍學」工具書，這是「龍學」走向成熟的標誌之一。1987 年吳美蘭編纂的《文心雕龍研究成果索引》和朱迎平編纂的《文心雕龍索引》同時問世，前者廣泛收集海內外「龍學」研究成果，後者就《文心》的文句、人名、書名、篇名等編排索引。兩種《索引》雖然都較粗略，但是對於如火如荼的「龍學」發展態勢來說，畢竟是解了燃眉之急，故為學林稱善。馮春田繼《文心雕龍釋義》

（1986）之後又推出更爲全面的《文心雕龍語詞通釋》（1990），該書彙釋《文心》所用語詞近九千條，類似《文心》語詞釋義大全，雖然有些笨拙，「亦『龍學』之一翼」（牟世金語）。「龍學」界一直盼望的《文心雕龍辭典》，本期終於有了兩部。賈錦福主編的一部於1993年率先出版，周振甫主編的另一部也於1996年問世。後出的一部因爲撰稿人相對集中（主要是周振甫、劉躍進、趙立升三位），各詞條的解釋也就比較統一，全書整體性更強一些，特別是所附《元至正本文心雕龍彙校》，更加彰顯了該《辭典》的學術價值。儘管如此，賈氏及其同仁所編《辭典》的首出之功仍不可沒。工具書方面最重要的當數楊明照掛名主編的《文心雕龍學綜覽》（1995），這部凝聚著眾多「龍學」專家心血的集大成之作，雖然姍姍來遲，但卻以其全面性和權威性受到「龍學」界的高度贊許，被視爲眞正意義上的「龍學小百科」。正如王元化在《序》中所說：「中國文心雕龍學會成立十二年以來，除進行國內外學術交流，定期刊行學刊外，較重要的工作就是編輯這部《文心雕龍學綜覽》了。編輯工作歷時三年，撰稿者有七個國家和地區的七十多位學者，全書六十餘萬言。這樣一部由海內外學人共同編纂的煌煌巨製，在大陸還是一件創舉。」〔註22〕

　　以上工具書的出版，對於促進「龍學」的進一步發展，補助海內外學術交流，均有無量功德。然而，無庸諱言，大陸「龍學」界在工具、資料方面所下的功夫還不夠。近十年來的「龍學」研究成果尚無人做統計索引工作，像日本岡村繁編纂的那樣詳盡的《文心雕龍索引》大陸還沒有，而朱氏《索引》顯然已不夠用了！

（四）論文集

　　本期「龍學」的又一個特點是一些論者的《文心雕龍》研究論文集紛紛出版，這是前期所沒有的，它標誌著諸多論者的「龍學」研究由零打碎敲走向全面系統。這些論文集主要有：馬宏山的《文心雕龍散論》（1982）、牟世金的《雕龍集》（1983）、蔣祖怡的《文心雕龍論叢》（1985）、畢萬忱、李淼的《文心雕龍論稿》（1985）、王運熙的《文心雕龍探索》（1986）、涂光社的《文心十論》（1986）、李慶甲的《文心識隅集》（1989）、穆克宏的《文心雕龍研究》（1991）、王明志的《文心雕龍新論》（1994）等。另外，中國《文心雕龍》學會的會刊《文心雕龍學刊》也在本期出版了1—7輯，1994年會刊更

〔註22〕王元化：《文心雕龍學綜覽·序》，上海書店出版社1995年版，第1頁。

名爲《文心雕龍研究》，現已出至第 9 輯。這些論文集中的論文所研究的範圍，幾乎包括「龍學」的各個方面，涉及各種專題，堪謂「龍學」興盛期的盛事。

二、論　文

本期發表了一千多篇論文，討論的問題涉及到「龍學」的諸多方面。其中有些問題是接著前期繼續討論，但深度已不可同日而語；有些問題則爲本期所獨有，開闢了「龍學」研究的新領域。

（一）劉勰生平研究

楊明照的《梁書劉勰傳箋注》經大量增補修訂後發表於《中華文史論叢》1979 年第 1 輯，這是劉勰生平方面考訂最精、影響最大的文章，使我們對劉勰的家世和生平的基本情況有了大體的瞭解，對研究劉勰確有「知人論世之助」（牟世金語）。同時，有關劉勰生平的研究，臺灣、日本和大陸其他學者也有不少創獲，牟世金的《劉勰年譜彙考》（1988）將這方面的研究成果彙集在一起，並按以己見，爲人們的進一步研究提供了方便。在劉勰生平研究方面分歧較大的主要是以下幾個問題：一是劉勰早年爲何入定林寺，王元化主「家貧」說，楊明照持「信佛」說，張少康則認爲是爲了「尋求政治出路」。〔註23〕二是劉勰的卒年，范文瀾推斷爲 521 年，趙仲邑、穆克宏、牟世金、周振甫、詹鍈等人的看法接近范說；李慶甲考訂爲 532 年，郭晉稀、祖保泉從李說；楊明照則認爲在 538～539 年間。〔註24〕三是劉勰出身士庶問題，學術界向以劉勰出身士族，王元化在《劉勰身世與士庶區別問題》一文中首次提出庶族說，認爲「劉勰並不是出身於代表大地主階級的士族，而是出身於家道中落的貧寒庶族」。贊成庶族說並加以補證的還有程天祜和牟世金。〔註25〕王利器和馬宏山堅持認爲劉勰出身士族，〔註26〕周紹恒則在《劉勰出身庶族商兌》一文中，對士族說作

〔註23〕王說見《劉勰身世與士庶區別問題》，載《中華文史論叢》1979 年第 1 輯，又收入作者《文心雕龍創作論》一書；楊說見《梁書劉勰傳箋注》，載《中華文史論叢》1979 年第 1 輯，又收入作者《文心雕龍校注拾遺》一書；張說見《劉勰爲什麼要依沙門僧祐》，載《北京大學學報》1981 年第 1 期。

〔註24〕范說見《文心雕龍注》；李說見《劉勰卒年考》，載《文學評論叢刊》第 1 輯，又收入作者《文心識隅集》一書；楊說見《劉勰卒年初探》，載《四川大學學報》1978 年第 4 期，又收入作者《學不已齋雜著》一書。

〔註25〕程天祜：《劉勰家世的一點質疑》，載《社會科學戰線》1981 年第 3 期；牟世金：《劉勰評傳》，載《中國著名文學家評傳》第 1 卷，山東教育出版社 1983 年版。

〔註26〕王說見《文心雕龍校證·序錄》；馬說見《對劉勰「家貧不婚娶」和「依沙門

了進一步論證。辨清劉勰出身士族還是庶族，有助於對劉勰作出更符合實際的全面評價，但也不能絕對化，否則就會陷入出身決定論的危險境地。四是《文心雕龍》成書年代問題，「龍學」界多數學者同意清代劉毓崧的考證，認爲《文心雕龍》寫定於齊末；自本期開始，施助、廣信、葉晨暉、夏志厚、周紹恒、賈樹新等人先後撰文，對劉氏考證提出質疑，認爲《文心雕龍》成書於梁初。〔註27〕《文心雕龍》的成書年代問題直接決定著對劉勰生年的推斷和對《文心》本文的理解，所以對這個問題展開討論，弄清事實真相是十分必要的。

（二）劉勰思想研究

這方面的研究主要圍繞儒佛道玄展開討論。1980年馬宏山發表了《論〈文心雕龍〉的綱》，該文認爲「劉勰的指導思想是以佛統儒，佛儒合一」，佛道是《文心雕龍》一以貫之的主導思想。此論一出立即在「龍學」界掀起軒然大波，許多論者撰文反駁此說。李慶甲的《〈文心雕龍〉與佛學思想》認爲：「《文心雕龍》的思想體系屬於儒家」，是「一部與佛學唯心主義對立的儒家文論」。孔繁的《劉勰與佛學》也指出：「《文心雕龍》不以玄學佛學作指導，而以儒學作指導」。但是，馬宏山提出佛道論也是經過深思熟慮的，他在「論綱」的基礎上又發表了一系列的文章，並彙集爲《文心雕龍散論》一書。這表明本期佛道論比前期已經有了較大發展，形成了較爲全面系統的觀點。儒佛之爭的同時，也有不少論者認爲劉勰主要受老莊道家和魏晉玄學的影響。皮朝綱的《〈文心雕龍〉與老莊思想》、張啓成的《〈文心雕龍〉中的道家思想》、蔡仲翔的《論劉勰的「自然之道」》和《王弼哲學與〈文心雕龍〉》、嚴壽澄的《道家、玄學與〈文心雕龍〉》、姚漢榮的《〈文心雕龍〉與魏晉玄學》等，均主此說。持儒家思想主導說者仍屬多數，但對佛道說和道玄說者所舉出的大量事例和進行的有力論證，儒道說者也不能無動於衷。於是，原先那種認爲劉勰「嚴格保持儒學的立場」，完全「拒絕佛教思想混進來」的純粹儒家說已不存在，多數論者主張儒家思想是劉勰的基本思想或主導思想，但劉勰同時

僧祐」的看法》，載《文心雕龍學刊》第1輯，齊魯書社1983年版。

〔註27〕施助、廣信：《關於〈文心雕龍〉著述和成書年代的探討》，載《文學評論叢刊》第3輯；葉晨暉：《〈文心雕龍〉成書的年代問題》，載《山西大學學報》1979年第3期；夏志厚：《〈文心雕龍〉成書年代與劉勰思想淵源新考》，載《古代文學理論研究叢刊》第11輯；周紹恒：《〈文心雕龍〉成書年代新考》，載《文心雕龍學刊》第6輯；賈樹新：《〈文心雕龍〉歷史疑案新考》，載《文心雕龍研究》第1輯。

也受到佛道玄思想的影響。如張少康的《〈文心雕龍〉的原道論》就說：「劉勰的文藝思想既有其主導方面，又有其複雜的、相容並包的方面。即以『道』來說，既是哲理性的道，又是具體的社會政治之道；既以儒家爲主，又兼通釋老。」至於爲什麼會出現這種情況，王元化在《〈文心雕龍〉箚記三則》、《思想原則和研究方法二三問題》等文中作了分析：「當時學術思潮的一個重要特點，即儒、釋、道、玄之間形成了一種既吸收又排斥，既調和又鬥爭的複雜錯綜的局面」；「當時沒有不摻入任何其他思想絕對純粹的儒家，也沒有絕對純粹的玄學和佛學」。因此，「劉勰雖然在《文心雕龍》中恪守儒學風範，但是他對於作爲當時時代思潮的釋、道、玄諸家，也有融合吸收的一面」。由儒、釋、道、玄各執一端到以儒爲主諸家並存，這是本期劉勰思想研究的重大進步，因爲劉勰的思想並不是單一的，體現在《文心雕龍》中更是如此，這已基本成爲「龍學」界的共識，祗是對各家思想在書中所占的比重看法仍然不一。漆緒邦認爲：「以道爲體，以儒爲用，才是劉勰論文學的基本指導思想。」涂光社也認爲：「《文心雕龍》雜糅經魏晉玄學改造的各家思想，有開放的特點，儒道是其互爲補充的兩個主要側面」。〔註28〕李平的《論〈文心雕龍〉的體用之道》又從先秦文化淵源、魏晉時代風尚和《文心》總論、創作論四個方面，全面論述了劉勰「道體儒用、體用結合」的文學指導思想。汪春泓的《關於〈文心雕龍〉之佛教淵源的新思考》和邱世友的《劉勰論文學的般若絕境》，則從魏晉儒道釋合一的社會思潮著眼，分析了佛學對劉勰的影響，取得了一些新進展。

（三）《文心》單篇研究

對《文心雕龍》五十篇進行單篇研究的論文在本期占了很大的比重，除文體論尙有少數幾篇沒有專論外，其他各篇幾乎都有專門研究文章，像《原道》、《辨騷》、《神思》、《體性》、《風骨》、《情采》、《通變》、《物色》等重要篇目，研究文章都有幾十篇甚至上百篇。這裡僅就《神思》和《風骨》篇的研究情況作一綜述，以見本期「龍學」微觀研究之深入。王元化首先提出：「《神思篇》是《文心雕龍》創作論的總綱」。牟世金、周振甫、張少康等人均贊同此說，並從不同角度對「總綱」說作了發揮。對《神思》篇的總綱地位雖然有了一致的認識，但對「神思」含義的理解卻是見仁見智。王元化主「想像」

〔註28〕漆說見《以道爲體，以儒爲用》，載《北京師院學報》1983 年第 2 期；涂說見《文心十論》，春風文藝出版社 1986 年版。

說，牟世金持「藝術構思」說，詹鍈則認爲是「形象思維」。準確理解「神思」
概念的含義固然重要，但更重要的還是對《神思》篇理論意蘊的發掘。邱世
友的《劉勰論〈神思〉》認爲：「劉勰作爲形象思維的神思論，就是建立在心
和物這個關係上的；心物同一是神思論的基礎，又是它的歸結。」蕭洪林的
《劉勰論藝術想像的特徵》一文，將「神思」理解爲一種想像活動，並概括
其四個方面的特徵，即自由性、形象性、虛擬性和感同身受。「意象」作爲古
代文論中的一個重要的理論範疇，首先出現在《神思》篇中，郭外岑的《釋
〈文心雕龍・神思〉篇》對「意象」的形成、特徵和意義作了全面分析，認
爲「劉勰提出的『意象』說，確是我國古代藝術思維理論發展的一大飛躍，
使我國傳統的『言志』『緣情』的詩歌創作認識又大大深化了一步，從而更深
刻地接觸到了藝術創作的本質」。亦武的《劉勰的神思說和黑格爾的想像論比
較研究》、梅家玲的《劉勰神思論與柯靈芝想像說之比較與研究》，分別就《神
思》篇作中西比較研究，以見其理論價值。還有人認爲：《神思》論述的是一
個由構思和表達構成的二層次創作思維活動系統，其主要特點有整體性、層
次性、適應性和目的性，虛靜與技巧分別是構思與表達的前提。構思系統主
要是情感的對象化活動，其要素有想像、物象和情感；表達系統主要是意象
的物化活動，涉及語言、聲律、比興、修飾諸要素。〔註29〕這是運用系統論
方法對《神思》篇所作的深入細緻的研究，頗有新意。

　　《風骨》篇仍然是本期研究的重點，並開始從總體上出現某些統一的趨
勢。「不少研究者逐步確認『風骨』問題是劉勰針對齊梁文風提出的審美理想
或審美標準；『風骨』最基本的特徵是『力』，是陽剛之美。」〔註30〕涂光社
的《〈文心雕龍・風骨〉篇簡論》認爲：「『風』是一種『力』，『骨』也包含著
『力』；劉勰批判的是文學創作的『無力』、『力沈』，強烈要求作品具有『遒』、
『勁』、『健』的力。一言以蔽之，《風骨》篇是一篇專論文學藝術動人之力的
傑作。」祖保泉的《〈風骨〉臆箋》在分析的基礎上得出這樣的結論：「『風骨』
——文情並茂的、剛健朗暢的力的美！」劉建國的《〈風骨〉淺嘗》認爲：「風」
是「藝術感染力」，「骨」是「藝術表現力」。曹順慶的《「風骨」與「崇高」》
也說：「『風骨』與『崇高』，同屬於一種以力爲基本特質的陽剛之美」。這種

〔註29〕李平：《〈神思〉創作系統論》，載《文藝研究》1989年第5期。
〔註30〕牟世金：《「龍學」七十年概觀》，見《文心雕龍研究論文集・序》，人民文學
　　　　出版社1990年版。

認識上的一致性與前期的歧義迭出相比，無疑是一個進步。本期《風骨》篇研究的另一個進步是，一些論者聯繫《文心雕龍》整個理論體系和美學思想對「風骨」進行深入闡發，從而超越了對「風」、「骨」的概念進行羅列排比的研究方式。石家宜的《「風骨」及其美學意蘊》認爲：如果我們能從整體著眼，把「風骨」放在與其他部分的有機聯繫中，找到它在《文心》體系中的位置，對「風骨」這個命題的來龍去脈作一番歷史的考察，那麼，我們的探討就可能取得比較切實的進步。牟世金的《從劉勰的理論體系看風骨論》，正是從理論體系著眼來探討這個問題。文章指出：「儒家對待『志』、『言』、『文』三種關係的原則，也貫穿於《文心》全書，《風骨》篇的『風』、『骨』、『采』三者的關係，不過是儒家『志』、『言』、『文』三種關係的翻版。」張少康的《齊梁風骨論的美學內容》則將視野擴展到整個齊梁時期的詩文書畫理論中的風骨論，在更廣闊的範圍中對「風骨」的美學內涵作綜合考察，得出了一些新的見解。近年又有人把「風骨」與人格精神理想聯繫起來，從儒道風骨、英雄品評與建安風力等角度，探討劉勰「風骨」論背後所映現的人格理想的精神義旨，認爲「『風骨』論所映現出的人格精神是以儒家『大丈夫氣』爲主，又兼有法家的『嚴峻』和道家的『通脫』等糅合而成的，具有一種『英雄之氣』，或說是『英雄人格』的理想精神」。〔註31〕儘管這種觀點尚未得到「龍學」界多數人的認可，但畢竟是一種新的思路。最近，郁沅又撰《〈文心雕龍〉「風骨」諸家說辯正》一文，在剔除了一些無據之談後，作者認爲各家對「風骨」的解釋雖互有不同，但大致可以分爲兩派，並就兩派觀點進行辯正，指出兩派最主要的分歧是在對「骨」的不同理解上。經過分析論證，作者得出這樣的結論：「劉勰所說的『骨』，既包含對事義的要求，也包含對如何安排事義的要求，還包含對文辭的要求，是義理與文理的統一。」〔註32〕

（四）「龍學」研究的新領域

本期發表的論文還在一些方面開闢了「龍學」研究的新領域。首先，不少論者開始關注「龍學」史，對《文心雕龍》研究成果進行分析和總結。牟世金撰寫的四萬餘言的《「龍學」七十年概觀》堪稱這方面的力作，該文將黃侃以來（至八十年代中期）的「龍學」分爲誕生、發展和興盛三個時期，對

〔註31〕陶禮天：《劉勰「風骨」論新探》，載《文心雕龍研究》第 3 輯，北京大學出版社 1998 年版。
〔註32〕郁沅：《〈文心雕龍〉「風骨」諸家說辯正》，載《文藝理論研究》1998 年第 6 期。

每個時期研究的成績和存在的問題進行總結和反思，具有《文心雕龍》研究簡史的性質。對一個時段「龍學」概況的研究有王運熙、李慶甲、楊明的《建國以來國內〈文心雕龍〉研究情況概述》，石家宜的《〈文心雕龍〉研究的勃興》等文。祖保泉的《試論楊、曹、鍾對〈文心雕龍〉的批點》和《〈文心雕龍紀評〉瑣議》，則是對明、清《文心雕龍》研究成果所作的清理和探討。曾曉明的《〈文心雕龍箚記〉論〈原道〉與〈風骨〉》、李平的《「范注」三論》和《「范注」三題》，分別對「龍學」的兩部名著進行深入細緻的研究。劉凌的《向著整體上陸》、戚良德的《歷史的選擇》、滕福海的《〈文心雕龍〉理論體系研究述評》，則對「龍學」的研究方法、美學和理論體系研究幾個專題作了評述。近年還有一些對百年「龍學」研究進行回顧和反思的文章，如涂光社的《現代〈文心雕龍〉研究述評》、張少康的《〈文心雕龍〉研究的現狀和問題》、李平的《二十世紀中國〈文心雕龍〉研究的回顧與反思》等。這些「研究之研究」標誌著「龍學」已進入成熟和自覺的階段。

　　其次，八十年代後期以來，一些論者還注意從文化學的角度研究《文心雕龍》。張少康的《〈文心雕龍〉與我國文化傳統》和《再論〈文心雕龍〉和中國文化傳統》、李欣復的《從文化學看〈文心雕龍〉》、李時人的《文化意義的〈文心雕龍〉和對它的文化審視》、劉凌的《古代文論的現代轉化與〈文心雕龍〉的文化價值》、朱良志的《〈文心雕龍・原道〉的文化學意義》、李平的《論〈文心雕龍〉的文化意蘊》等，都屬於這方面的研究論文。而這方面後續性的發展，正方興未艾。1998 年《文心雕龍》第六次年會提交的二十篇論文中，從文化學角度研究的論文就有三篇。

　　第三，本期還有幾篇從系統論的角度研究《文心雕龍》的文章，也值得注意。就思想、方法立論的有馬白的《論〈文心雕龍〉的系統觀念和系統方法》，就結構體系立論的有黃廣華的《從系統論看〈文心雕龍〉的理論結構體系》，就批評標準立論的有劉文忠的《劉勰的批評標準系統論》，從單篇入手的有李平的《〈神思〉創作系統論》。這方面的論文雖然還不多，但畢竟更新了方法，給人耳目一新的感覺。

四、「龍學」研究存在的問題與發展前景

　　「龍學」繁盛期的研究雖然較前期更深、更細、更廣，且在許多問題上

取得了重大突破，並開闢了不少新的研究領域，但也有一些問題，其中最令人擔憂的莫過於近年「龍學」研究已有從繁盛走向萎縮的趨勢。這種趨勢從三個方面表現出來。一是成果的數量九十年代比八十年代少，近年更是銳減。「龍學」繁盛期的頭五年，就出版專著十八部，發表論文四百多篇，這種強勁勢頭一直持續到八十年代中後期。九十年代以來共有專著十餘部，而 1995年以後除會刊《文心雕龍研究》以外，只有三部專著，論文不足百篇。二是成果的質量有所下降，就專著而言，九十年代在校注譯釋和理論研究方面雖有《文心雕龍解說》（祖保泉）、《文心雕龍研究》（牟世金）和《文心雕龍美學範疇研究》（寇效信）三部重要著作，但相對八十年代來說，功力深厚的權威性著作畢竟少多了。從論文來看，低水平重複現象比較嚴重。例如：近年一些研究劉勰折衷方法的文章，尚未達到周勳初、張少康八十年代所寫文章的水平；〔註33〕論《神思》篇有關想像和形象思維方面的文章近年也有不少，然所論大多未超出邱世友文章已討論過的範圍；〔註 34〕而中西比較研究方面的文章寫得也很粗淺，不及王元化《文心雕龍創作論》所論渾厚圓融。三是研究隊伍存在後繼乏人的隱憂，老一輩專家大部分因年事已高而退出「龍學」研究領域；一些成績卓著的中年學者如牟世金、李慶甲、寇效信等又因癌症而早逝，還有一些則改變了主攻方向；青年學者中專事「龍學」研究的現在也很少，專門研究《文心雕龍》的博士論文為數也不算多。

「龍學」近年冷落以至於此，無怪乎有人認為《文心雕龍》已沒有什麼問題好研究了！「龍學」已經走到盡頭了！不錯，三萬七千字的《文心雕龍》迄今研究論著已近四千萬言，「龍學」方面的幾乎每一塊「磚」都被人敲過，生平事迹、版本校勘方面如無新的材料發現，研究確實也很難有大的進展。儘管如此，「龍學」還是有許多工作需要我們去做。首先，思想、理論方面一些有爭議的問題還可以繼續展開討論，同時也可以開闢一些新的研究方向，《文心雕龍》與傳統文化的研究也可以深入下去，目前還沒有這方面的專門著作。其次，「龍學」還有一些總結性的工作需要做，校注方面《文心雕龍》還沒有一部包括彙校、彙注、彙評的真正的「集注」本；本世紀「龍學」研

〔註33〕周文：《劉勰的主要研究方法——「折衷」說述評》，載《古代文學理論研究》第 11 輯；張文：《擘肌分理　唯務折衷——劉勰論〈文心雕龍〉的研究方法》，載《學術月刊》1986 年第 2 期。

〔註34〕邱文：《劉勰論〈神思〉——一個心物同一的形象思維過程》，載《文心雕龍學刊》第 1 輯。

究成果急需進行全面的清理和總結，因爲《文心雕龍》至今還沒有一部研究史，有的祇是兩部論文選。〔註 35〕復次，應加強對港臺及海外《文心雕龍》研究成果的介紹和翻譯工作，特別是臺灣和日本「龍學」研究很發達，有許多高水準的研究專著和論文，目前大陸對這些研究成果雖然也做了一些總結和翻譯工作，〔註 36〕但還很不夠；近年港臺及海外《文心雕龍》研究的新情況，我們還知之甚少。

　　目前「龍學」研究既處於低谷又有事可做，那麼如何把該做的事做好從而走出低谷，就成了問題的關鍵。首先，要注意培養後續力量，必須有一隻強有力的研究隊伍，才能提高研究成果的數量和質量。一些總結性開創性的工作往往需要研究者多年埋頭苦幹、潛心研究方可取得成效，所以現在就必須抓緊培養有志於獻身「龍學」的青年人才。其次，要注意更新研究方法，尋找新的研究角度和切入點，這樣研究才能取得突破性進展。當年黃侃更新了研究方法不僅使自己的研究超越了前人，而且使范文瀾、劉永濟等諸多學人受益非淺；王元化在方法論上的突破使自己的研究達到了新的高峰，也給青年學子頗多啓迪。現在，「龍學」研究又面臨方法陳舊、難以突破的境地，如果我們能融合傳統的乾嘉考據方法、日本的微觀研究方法和西方的宏觀研究方法的長處，形成一種學不分中外、亦無論古今的新的闡釋學方法，則對於推動「龍學」向縱深方向發展肯定大有裨益。第三，要致力於創造一種良好的學風，並形成一套行之有效的學術規範，這對於避免研究的低水平重複是特別重要的。第四，應加強國際合作和交流，「龍學」已成爲一門世界性的學問，港臺及海外學者一些好的研究成果和方法，可以拓寬我們的視野，啓發我們的思維，當然也有助於我們把「龍學」研究推向更高的水平。

〔註 35〕甫之、涂光社主編：《文心雕龍研究論文選》（1949～1982），齊魯書社 1988年版；中國文心雕龍學會選編：《文心雕龍研究論文集》，人民文學出版社 1990年版。

〔註 36〕牟世金的《臺灣文心雕龍研究鳥瞰》（1985）一書，對臺灣「龍學」研究成果作了較詳細的評介；對日本「龍學」研究成果的翻譯有：王元化選編的《日本研究文心雕龍論文集》（1983）、彭恩華編譯的《興膳宏文心雕龍論文集》（1984）、曹旭翻譯的户田浩曉教授的《文心雕龍研究》（1992）。

第一章　論黃侃的《文心雕龍劄記》

　　黃侃的《文心雕龍劄記》採取「依傍舊文」和「獻可替否」相結合的原則，旁徵博引，闡幽釋微，集考證、校注、簡評於一身，打破了前代《文心雕龍》研究偏重校注，忽略義理闡釋的格局。《劄記》「完稿於人文薈萃之北大」，成書於「中西文化劇烈交綏之時」，特殊的時代賦予了黃侃特殊的使命：「不僅是彥和之功臣，尤為我國近代文學批評之前驅。」〔註1〕

　　本章從《劄記》原著分析入手，主要討論三個問題：其一，《劄記》的成書過程及版本情況；其二，《劄記》所包蘊的文學思想和小學內容；其三，《劄記》在現代「龍學」史上的奠基地位以及在文論研究現代轉型中的轉折意義。

第一節　《文心雕龍劄記》的成書及版本

　　學界對《劄記》的研究，基本未涉及其成書及版本問題。筆者以為，回溯《劄記》的成書過程，廓清其版本問題，對《劄記》本身乃至「龍學」史研究都至關重要。因為與其他「龍學」著作不同，現在通行的《劄記》有一個演變發展歷程：從最初的大學授課講義到二十篇的小書，以至現在的三十一篇全本，前後相續，後出轉精，且後出版本序跋附錄，多有增益；另外，現在通行《劄記》的各個版本，特別是大陸版本系統和臺灣版本系統，由於所依「母本」不同，中間尚存差異。故而嘗試論之，期望能有管中窺豹之效。

〔註1〕李曰剛：《文心雕龍斠詮》，國立編譯館中華叢書編審委員會1982年版，第2515頁。

一、《文心雕龍箚記》成書過程

1914 年（民國三年）9 月，經章太炎介紹，黃侃應北京大學之聘，[註2] 講授文字學、詞章學及中國文學史，從此開始了傳道授業的教書生涯，《箚記》即是其任教北大的授課講義。但由於黃侃此段時間的日記、信箚等因戰亂而殘缺，我們無法明確黃侃如何應邀、如何講授《文心雕龍》。不過從別人的相關文字中，亦可窺見一二。

首先，在黃侃到來之前，北大已開設《文心雕龍》課，黃侃是代替別人講授《文心雕龍》的。王利器在《往日印痕》中敘述了傅斯年回憶當年的情景：「當年我在北大讀書時，聽朱蓬仙講《文心雕龍》。大家不滿意，有些地方講錯了，有些地方又講不到。我和羅家倫、顧頡剛等同學商議，準備向蔡孑民校長上書，請求撤換朱蓬仙。於是我們就上書了。不久，這個課就由黃季剛先生來擔任。」[註3] 而且，黃侃的《文心雕龍》課十分受歡迎，聽眾眾多，學生反響強烈。據馮友蘭回憶：「當時北大中國文學系，有一位很叫座的名教授，叫黃侃。他上課的時候，聽講的人最多，我也常去聽講。他在課堂上講《文選》和《文心雕龍》，這些書我從前連名字也不知道。黃侃善於念詩念文章，他講完一篇文章或一首詩，就高聲念一遍，聽起來抑揚頓挫，很好聽。他念的時候，下邊的聽眾都高聲跟著念，當時稱爲『黃調』。在當時宿舍中，到晚上各處都可以聽到『黃調』。」[註4]

其次，黃侃的《文心雕龍》研究，深受其師章太炎的影響。早年留學日本時，黃侃就曾聆聽章太炎講授《文心雕龍》。《錢玄同日記》云：「是日《文

[註2] 學界關於黃侃任教北大的時間說法不一，大體有 1913 年（民國二年）和 1914 年（民國三年）兩種觀點。周勳初在《黃季剛〈文心雕龍箚記〉的學術淵源》一文中認爲：「民國二年，北京大學禮聘章太炎到校講授音韻、文字之學，章氏不往，改薦弟子黃季剛（侃）先生前去任教。」黃侃妻子黃菊英撰文《我的丈夫——國學大師黃季剛》云：「1913 年他任北大教授時……」也認爲黃侃是 1913 年任教北大。而據黃焯《黃譜》載：「先生以民國三年秋，應北京大學聘，見殘葉日記中。其他記載皆以爲民國二年，誤。」據蕭超然等編著的《北京大學校史（1898～1949）》載：「從 1914 年 6 月，夏錫祺被任命爲文科學長後，……引進了章太炎一派的學者，如黃侃（季剛）、馬裕藻（幼漁）、沈兼士、錢玄同等先後到北大文科教書。」另據馬越編著的《北京大學中文系簡史（1910～1998）》載：黃侃是 1914 年被聘爲北大文科教授。筆者以爲，黃侃 1914 年（民國三年）到北大教書，較爲可信。
[註3] 王利器：《往日印痕》，山西人民出版社 1997 年版，第 95 頁。
[註4] 馮友蘭：《三松堂自序》，三聯書店 1984 年版，第 37～39 頁。

心雕龍》講了九篇，九至十八……與季剛同行。」〔註5〕另外，1914 年黃侃任教北大之際，章太炎恰好被袁世凱幽禁於北京，黃侃則是近水樓臺先得月，可以隨時與章師切磋學術。據徐一士回憶：「謁章之後，即請求借住章寓。蓋詞章學教材等在黃覺不甚費力，即可應付裕如。惟文學史一門，其時治者猶罕，編撰講義，為創作之性質，有詳審推求之必要，故欲與章同寓，俾常近本師，遇有疑難之處，可以隨時請教也。黃本章氏最得意之弟子，章亦願其常相晤談。」〔註6〕另外，《箚記》的成書也受到選學大師劉師培的影響。1917 年，劉師培在擁護袁世凱稱帝失敗後，經黃侃介紹也進入北京大學任教，主要講授中古文學史，其中也涉及《文心雕龍》，著有《文心雕龍講義》，與《箚記》可謂桴鼓相應。

再次，黃侃講授《文心雕龍》，並不是五十篇都講，亦不是現存《箚記》的二十篇。對此，范文瀾認為：「黃先生授以《文心雕龍箚記》二十餘篇，精義妙旨，啟發無遺。退而深惟曰：《文心》五十篇，而先生授我者僅半，殆反三之微意也。」〔註7〕一方面，確如范文瀾所謂，黃侃可能有舉一反三、啟發學生之意。現在附於《箚記》正文之後的《物色》篇箚記，其實就是駱鴻凱在黃侃指導下完成的讀書筆記而已。另一方面，也是由這門課的性質決定的。黃侃在北大講授《文心雕龍》的課程名稱是「文章作法」，並非中國文學史，所以黃侃主要講授《文心雕龍》創作論的二十篇。

《箚記》原是黃侃 1914 年至 1919 年任教北京大學的講義，但真正的完稿時間很難確定。據鍾歆《詞言通釋》一書的後記所載：「僕昔遊京師，從黃先生季剛學，略通音訓，命纂《詞言通釋》，於丙辰（1916 年）冬草創初畢。」〔註8〕此書完全依據《箚記・章句》第九節而作，可見《箚記》的許多篇章應該在 1916 年前已經完稿。但徐復又云：「民國六年（1917 年）間，黃先生主講北大文科，始補撰《隱秀篇》全文。」〔註9〕因此，我們只能說《箚記》並不是一次性完成的，而是在授課過程中不斷增益的。

《箚記》在正式出版之前，亦曾零星發表於一些雜誌上，大體有以下幾篇：

〔註5〕 錢玄同：《錢玄同日記》，中國人民大學出版社 1999 年版，第 678 頁。
〔註6〕 徐一士：《一士類稿》，遼寧教育出版社 1997 年版，第 49 頁。
〔註7〕 范文瀾：《范文瀾全集》第三卷，河北教育出版社 2002 年版，第 5 頁。
〔註8〕 轉引自張之強：《讀〈文心雕龍箚記・章句〉》，《訓詁研究》第 1 輯，北京師範大學出版社 1981 年版。
〔註9〕 徐復：《徐復語言文字論稿》，江蘇教育出版社 1996 年版，第 241 頁。

《補文心雕龍隱秀篇》，1919 年，北京大學《國故》第一期

《文心雕龍誇飾篇簡評》，1919 年，北京《新中國》一卷二號

《文心雕龍附會篇簡評》，1919 年，北京《新中國》一卷三至四號

《題詞及略例》、《原道》，1925 年，《華國》月刊第二期第五冊

《徵聖》、《宗經》、《正緯》，1925 年，《華國》月刊第二期第六冊

《辨騷》、《明詩》，1925 年，《華國》月刊第二期第十冊

《樂府》，1926 年，《華國》月刊第三期第一冊

《詮賦》、《頌贊》，1926 年，《華國》月刊第三期第三冊

由此可知：其一，零星發表的文章名稱各異，並非都以「箚記」一名冠之；其二，所發表的文章，如《原道》篇、《頌贊》篇箚記，並未收入後來北平文化學社出版的《箚記》。

1927 年（民國十六年）7 月，北平文化學社將散見的講義結集成書，名曰《文心雕龍箚記》，收錄《神思》以下二十篇。其書封面爲暗橘色，左上至下有大字「文心雕龍箚記」，下有小字「丁卯六月柳庶堪」，斷作兩行，並有一小章「滄日」，封裏署名「黃侃著」。內芯爲每頁 11 行，每行 25 字，共 250 頁，並附錄 24 頁。其首頁爲「題辭及略例」，接下來是《序志》篇，而並非按照原書順序爲《神思》篇。此書於 1935 年（民國二十四年）由北平文化學社再版。現有兩個問題：黃侃平生不肯輕易出書，曾云「年五十當著紙筆」（章太炎《黃季剛墓誌銘》），是什麼原因促使他將授課講義整理出版爲《箚記》的？既然出書，爲何不將三十一篇全出，而只選其中的二十篇呢？第一個問題已無法回答，因爲《黃侃日記》對出書一事幾乎隻字未提，其他著作也沒有提供相關資訊。只有潘重規簡單提及：「先師平生不輕著書，門人堅請刊佈，惟取《神思》以次二十篇界之。」〔註10〕對於第二個問題，《箚記》本身就給出了答案：「即彥和泛論文章，而《神思》篇以下之文，乃專有所屬，非泛爲著之竹帛者而言，亦不能遍通於經傳諸子。」（《箚記‧原道》）他一再申明：「下篇以下，選辭簡練而含理閎深，若非反覆疏通，廣爲引喻，誠恐精義等於常理，長義屈於短詞。」（《箚記‧神思》）黃侃將《文心雕龍》定位於文章作法論，在《箚記》中也反覆強調「爲文之術」的重要性，所以側重創作論部分，而捨棄總論和文體論。

〔註10〕潘重規：《文心雕龍箚記跋》，見黃侃：《文心雕龍箚記》，臺灣文史哲出版社 1973 年版，第 232 頁。

　　1919 年（民國八年），黃侃離開北京大學，任教於武昌高等師範、武昌中華大學等校，亦曾講授《文心雕龍》。爲教學方便，將其任教北大的講義印出，分發給學生。對於此事，徐復觀這樣回憶：「我們約了七八個同學，私自請他教《廣韻》和《文心雕龍》。我們爲他印了《廣韻》的《聲類表》（記得不十分清楚），他並把在武高油印的《文心雕龍劄記》分送給我們。」〔註11〕在武漢期間，黃侃曾經發表過一次演講，題目即是《講文心雕龍大旨》，主要探討研究文學的材料和方法。1935 年，黃侃逝世於南京，前中央大學所辦《文藝叢刊》計劃出版紀念專號，乃檢篋中所藏武昌高等師範所印講章，錄出《原道》以下十一篇畀之。

　　《劄記》首次以全貌出現當屬四川大學排印本。據當時編訂人員之一的祖保泉回憶：「一九四三年秋至一九四六年春，潘重規先生在四川大學主講《詩經》、《文心雕龍》，四五年秋，抗日戰爭勝利，四六年初，安徽大學宣告復校，聘先生爲中文系主任，潘先生於四月下旬離川大，找我的《文心》課中輟。有人提出集資翻印黃侃《文心雕龍劄記》，全班贊成，訪求《劄記》原文，得三十二篇（包括《物色》），疑爲尚有逸佚。八月，佘雪曼先生到校，出其所藏《劄記》三十二篇，並一再說：『黃先生只寫三十一篇』。於是決定付印……」川大本《劄記》封面爲墨綠色，上有瘦金體「文心雕龍劄記」字樣，旁有「佘雪曼署」題簽。書正文之前有一頁，題曰：「民國三十六年刊於國立四川大學」，近隸體。書內頁爲宣紙，除首兩頁未標頁碼外，共 88 頁。目錄首載「題辭及略例」，次爲「原道第一」等至「總術第四十四」，但其中「議對第二十四」、「書記第二十五」於目錄俱脫，而其內文並無缺。其後附有駱鴻凱所撰《物色》篇劄記。但由於成書倉促，未加細校，加之排版不精，書中錯訛之處較多，所以書後附有兩頁勘誤表。此書由成都華英書局發行，主要用於內部傳閱，印刷數量較少，至今罕見。〔註12〕但其價值卻十分重大：首次將三十一篇合爲一體，展現了《劄記》的全貌。

二、《文心雕龍劄記》版本情況

　　黃侃一生輾轉任教於多所大學，弟子眾多。鼎革之後，多數弟子滯留大

〔註11〕徐復觀：《中國知識份子精神》，華東師範大學出版社 2004 年版，第 36 頁。
〔註12〕關於四川大學所印《劄記》數量，學界說法不一。臺灣學者黃端陽認爲是 120本，而祖保泉教授回憶是 200 本，總之數量非常之少。

陸，但亦有少數人奔赴港臺，黃侃的弟子兼女婿潘重規就是其中之一。故《箚記》分別在大陸和港臺兩地流傳，形成了兩大版本系統：大陸版本系統和臺灣版本系統。

先說大陸。1962 年，經黃侃哲嗣黃念田授權，中華書局上海編輯所將北平文化學社本和文藝叢刊本「都爲一集，重加校勘，並斷句讀」，〔註 13〕出版了《文心雕龍箚記》一書，成爲大陸最通行的版本。此後，大陸各出版社都以此本爲依據，另增附錄序跋，出現了以下版本：

《文心雕龍箚記》，1996 年，華東師範大學，二十世紀國學叢書

《文心雕龍箚記》周勛初導讀，2000 年，上海古籍出版社，蓬萊閣叢書

《文心雕龍箚記》吳方點校，2004 年，中國人民大學，國學基礎文庫

《文心雕龍箚記》，2006 年，上海世紀出版集團，世紀文庫

《文心雕龍箚記》黃延祖重輯，2006 年，中華書局，黃侃文集

臺灣的《箚記》版本，大致可分爲兩類：其一是據北平文化學社本影印的兩個版本。民國六十年，臺北學人月刊雜誌社將北平文化學社本影印成三冊，錄於「五元文庫」之中。民國六十八年，臺北新文豐出版社亦根據文化學社本，另印平裝小 32 開本，頁次與版式完全相同，收於「零玉碎金集刊」之中，書末附有兩頁勘誤表，糾謬 34 處。另一類是三十一篇的《箚記》全本，肇始於民國五十一年香港新亞書院出版的《箚記》，由潘重規取文化學社本和武昌本合編付印，並據武昌本對比文化學社本之異同，爰作校語。又移《序志》篇於《原道》篇之前，後附有駱鴻凱的《物色》篇箚記、潘重規大學期間所撰《讀文心雕龍箚記》三十四條以及《文心雕龍箚記跋》，潘氏於跋語中云：「是書雖非完稿，而吾先師早歲論文大旨略存於是矣。」此書於民國六十二年，由臺北文史哲出版社再版，成爲臺灣最通行的版本。民國九十一年，黃延祖授權臺灣凡異文化事業有限公司，由花神出版社出版新的《箚記》，後面的附錄是所有版本中最詳細的。此書後記云：「此次刊印包括先兄念田重加勘校、并斷句讀的一九六二年中華書局版的全部，」〔註 14〕可見，花神本乃大陸中華書局 1962 年本的翻印本。

統觀《箚記》的十幾個版本，大體可分爲三類：一是以北平文化學社本

〔註 13〕黃侃：《文心雕龍箚記》，中華書局 1962 年版，第 245 頁。

〔註 14〕黃延祖：《延祖後記》，見黃侃：《文心雕龍箚記》，臺灣花神出版社 2002 年版，第 346 頁。

為母本，包括臺北學人月刊雜誌社的「五元文庫」本和臺北新文豐出版社「零玉碎金集刊」本，共二十篇；二是以中華書局 1962 年本為母本的大陸版本，包括華東師大本、上海古籍「蓬萊閣叢書」本、人民大學吳方點校本、「黃侃文集」本以及臺灣的花神本；三是以香港新亞書院潘重規校本為母本的港臺版本，主要是文史哲本。除此之外，還有兩個非常獨特的版本：一是「文藝叢刊」本，其收錄的是「原道」以下的十一篇；二是川大本，是多方訪求所得，並未參考其他任何版本，而且後世的版本，無論是大陸版本還是臺灣版本都沒有參考川大本。儘管《箚記》版本眾多，但若細細比較，仍可發現一些異同之處。

其一，大陸和臺灣版本系統中各有一個通行本。大陸版本系統中通行本是中華書局 1962 年本，臺灣則是民國六十二年臺北文史哲本。這兩個「母本」，都參考了北平文化學社本，但都未參考川人本。另外，大陸版本《原道》以下十一篇是從文藝叢刊本輯錄的，臺灣版本則是從武昌本輯錄的。

其二，大陸和臺灣兩個版本系統都對《箚記》文本進行了細緻校勘。中華書局 1962 年出版《箚記》時，就由黃念田詳細校勘，並斷句讀，人大本也由吳方對其進行點校。文史哲本有潘重規所作的按語，而且還在其《讀文心雕龍箚記》一文中，對黃侃《箚記》的相關內容還進行了重校。如《總術》篇「若筆不言义」條，潘重規曰：「黃君箚記云：『不字為為字之誤』。規按：『不』為『乃』字形近之誤。韓子《內儲說下》：『因請立齊為東為不能成也。』顧廣圻曰：『不當作乃』。亦乃誤為不也。」〔註15〕儘管諸多學者用心校勘，《箚記》仍有許多紕繆之處，主要集中在引文部分。如《箚記·明詩》篇於「暨建安之初……此其所同也」條下引沈約《宋書·謝靈運文學傳論》云：「曹氏基命，三祖陳王。」據中華書局本二十四史《宋書》卷六十七，「三」當為「二」，「二祖」指武帝曹操、文帝曹丕。又如《箚記·原道》篇引《淮南子·原道》篇的高誘注曰：「……故曰原道，用以題篇。」檢《淮南子》原文，「用」當為「因」。

其三，比較以中華書局本為母本的大陸版本系統和以文史哲本為母本的臺灣版本系統，發現其中相異之處甚多，可資相互校證。現對比中華書局本和文史哲本，並參閱文化學社本，略舉一二。第一，文字錯訛。如《箚記·神思》篇「積學以儲寶……」條下，文史哲本「紀氏以為彥和練字未穩」，但

〔註15〕潘重規：《讀文心雕龍箚記》，見黃侃：《文心雕龍箚記》，臺灣文史哲出版社1973 年版，第 230 頁。

中華書局本「練」作「結」。聯繫黃侃下文所云:「未遑細審」,當爲「練」,且文化學社本亦作「練」。第二,文字互倒。如《題辭及略例》,文史哲本「若其悟解殊特,術測異方」,中華書局本爲「若其悟解殊術,持測異方」,文化學社本同中華書局本。蓋文史哲本將「持」與「術」位置互倒,且因形近將「持」誤爲「特」。第三,斷句不當。如《箚記·原道》篇題解,文史哲本「萬物各異理而道盡。稽萬物之理,故不得不化。」中華書局本爲「萬物各異理,而道盡稽萬物之理,故不得不化。」從句意上看,中華書局本更爲通順,且與上下文連貫。

其四,大陸和臺灣兩個版本系統中,各有一個資料非常豐富的版本,大陸爲 2006 年中華書局「黃侃文集」本,臺灣爲花神本。這兩個版本都附錄了以下文章:駱鴻凱的《物色》篇箚記、《文學記微——標觀篇》、《中國文學概談》、《阮籍詠懷詩補注》(金靜菴記)、《李義山詩偶評》、范文瀾的《文心雕龍講疏序》。花神本還另增有《詠懷詩箋》(金靜菴輯)、《劉彥和生平》以及《劉彥和年譜》。而中華書局「黃侃文集」本在「題辭及略例」後有《講文心雕龍大旨》一文,爲花神本所無。

這兩個版本所收資料雖然豐富,但也並非沒有遺憾。筆者在搜集整理資料時,發現黃侃還有許多關於《文心雕龍》的論述,這些散見的材料亦可收入附錄。首先,黃侃除在《箚記》中校勘《文心雕龍》外,還曾依據敦煌殘卷「校雕龍」。《寄情閒室日記》(庚午三月)廿四日壬寅云:「小石以所過錄趙萬里校唐寫殘本《文心雕龍》(起徵聖,訖雜文)見示。因謄之紀評黃注本上,至明詩篇。」廿五日癸卯云:「仍校雕龍……今日內山書店寄來鈴木虎雄震旦文學研究。」廿六日甲辰云:「因囑石禪寄銀(十四元一角)買內藤還曆支那學論叢,以其中有鈴木氏敦煌本文心雕龍校勘記也……校雕龍。」廿七日乙巳云:「……校雕龍訖。」〔註 16〕若此稿尚存,亦可嵌入《箚記》原文,或單列爲附錄。其次,黃侃在其他著述中多次提及《文心雕龍》。如「申鑒雜事下,或曰:『辭達而已矣,聖人以文其奧也有五:曰玄、曰妙、曰包、曰要、曰文。幽深謂之玄,理微謂之妙,數博謂之包,辭約謂之要,章成謂之文。聖人之文,成此五者,故曰不得已。』此義《文心·宗經篇》未及甄述」。〔註 17〕又如「《辨騷篇》:『才高者菀其鴻裁,中巧者獵其豔辭。』……言才高之人能全取楚辭以爲杌範;心巧之

〔註 16〕 黃侃:《黃侃日記》(中),中華書局 2007 年版,第 638~639 頁。
〔註 17〕 黃侃:《黃侃日記》(上),中華書局 2007 年版,第 230 頁。

人亦能於篇中擇其豔辭以助文采也」。〔註18〕再如「讀《文選》者，必須於《文心雕龍》所說能信受奉行，持觀此書，乃有眞解。若以後世時文家法律論之，無以異於算春秋曆用杜預長編，行鄉飲儀於晉朝學校，必不合矣」。〔註19〕若能將這些散見的文字附錄於《箚記》之後，我們不僅可以得到一個「善本」，亦能窺見黃侃「龍學」研究之全貌。

第二節　《文心雕龍箚記》的思想與內容

　　《箚記》體約思豐，言簡意賅，其內容大體可分爲小學和文學兩方面。前者包括文字校勘、語源考證和疑難詞語箋釋；後者包括各篇題解及對經典語句的闡釋。下面針對《箚記》的思想內容，獻可替否，綜合彌論。

一、指導思想

　　黃侃論文，既繼承了選學講究辭藻、重視文采的傳統，又吸收了樸學注重考證、嚴於徵實的觀點。以此綜合的眼光來評騭《文心雕龍》，《箚記》特別闡發了彥和文論體系中崇自然、貴折衷的特點。不僅如此，黃侃還自覺地將自然宗旨和折衷法則運用到具體闡釋當中，成爲《箚記》的基本指導思想。

（一）以自然為宗

　　劉勰論文崇尚自然，歷代品評者都很注意。曹學佺評《明詩》篇「感物吟志，莫非自然」曰：「詩以自然爲宗；」評「觀其二文，辭達而已」曰：「達者，自然也。」〔註20〕紀昀評《神思》篇曰：「意在遊心虛靜，則湊理自解，興象自生，所謂自然之文也。」評《練字》篇曰：「胸富卷軸，觸手紛綸，自然瑰麗，方爲巨作。」〔註21〕總體而言，曹學佺論自然大都從詩著眼，紀昀則側重自然之趣。黃侃則不拘一隅，在自然之道、文學創作、文學批評和文體文風演變等多個層面都作了精彩論述。《箚記》開篇曰：

　　　　《序志》篇云：「蓋文心之作也，本乎道。」案彥和之意，以爲文章

〔註18〕黃侃：《黃侃日記》（中），中華書局 2007 年版，第 638 頁。
〔註19〕黃侃平點，黃焯編次：《文選平點》，上海古籍出版社 1985 年版，第 1 頁。
〔註20〕中國《文心雕龍》學會編輯：《〈文心雕龍〉資料叢書》，學苑出版社 2004 年版，第 885 頁。
〔註21〕《紀曉嵐評文心雕龍》，江蘇廣陵古籍刻印社 1997 年版，第 252～253、325頁。

本由自然生，故篇中數言自然，一則曰：「心生而言立，言立而文明，自然之道也；」再則曰：「夫豈外飾，蓋自然耳；」三則曰：「誰其尸之，亦神理而已。」尋繹其旨，甚爲平易。蓋人有思心，即有言語，既有言語，即有文章，言語以表思心，文章以代言語，惟聖人爲能盡文之妙，所謂道者，如此而已。(《劄記・原道》)

《原道》是《文心雕龍》首篇，道是綱維全書的根本，黃侃於此標舉自然，實際上是爲《劄記》全書定下了基調。

首先，黃侃第一次堅定地揭櫫彥和之道是源於老莊道家、經由韓非闡釋的「自然之道」，「與後世言文以載道者截然不同」。他認爲：「道者，玄名也，非著名也，玄名故通於萬理」，所以「自然之道」即是「萬物之情，人倫之傳」，其間「無小無大，靡不並包」(《劄記・原道》)。換言之，黃侃的自然之道不是「定於一尊」的儒家之道，亦不是空虛難解的佛家玄理，而近似於老莊之道。《老子》二十五章曰：「人法地，地法天，天法道，道法自然。」但老子「自然之道」本身又具有極大的模糊性：一方面，道是「先天地生」，「可以爲天地母」(《老子》二十五章)，另一方面道又是以自然爲法。《文心雕龍》所論「自然之道」則基本清除了老子哲學中的含混思想，劉勰認爲：「玄黃色雜，方圓體分，日月疊璧，以垂麗天之象；山川煥綺，以鋪理地之形，此蓋道之文也。」人爲「五行之秀，實天地之心。心生而言立，言立而文明，自然之道也。傍及萬品，動植皆文，……夫豈外飾，蓋自然耳。」(《文心雕龍・原道》)「人稟七情，應物斯感，感物吟志，莫非自然。」(《文心雕龍・明詩》)另外，在《劄記・原道》篇中，黃侃還明確指出劉勰自然之道是從《韓非子・解老》篇發展而來的。韓非是法家的集大成者，但從先秦哲學史的發展情況看，法家是源於老莊道家的，黃侃也認爲「法家出於老子」(《劄記・正緯》)。《韓非子・解老》是第一篇解說老子的專文，詳細闡釋了道的具體含義，認爲道是「萬物之所然也，萬理之所稽也」，「萬物之所成也」。黃侃在此認爲韓非解老之道與劉勰所說的自然之道的含義基本相同，都具有事物發展規律的性質。所以黃侃在引述《解老》篇的話之後加案語曰：「莊韓之言道，猶言萬物之由自然生。文章之成，亦由自然，故韓子又言聖人得之以成文章。韓子所言，正彥和所祖也。」這就爲我們勾勒了一條從老莊之道到韓非解老之道再到劉勰自然之道的線索。

黃侃並非「自然之道」的首倡者，之前亦有人提及，紀昀就是其中之一。

他評《原道》篇曰：「齊梁文藻，日競雕華，標自然以為宗，是彥和吃緊為人處。」但對於「自然」的具體內容，紀氏又語焉不詳。他一方面認為重視「原道」、標舉「自然」是彥和之卓見：「自漢以來，論文者罕能及此，彥和以此發端，所見在六朝文士之上。」另一方面，他又把劉勰的「自然之道」和後世的「文以載道」說聯繫起來，認為「文以載道，明其當然，文原於道，明其本然，識其本乃不逐其末」。在「道沿聖以垂文，聖因文而明道」句下又評道：「此即載道之說」，認為劉勰「原道」乃後世「文以載道」說之所本，後世載道之說之所以能「不逐其末」，就因為劉勰《原道》篇已在前「明其當然」。〔註22〕歸根結底，紀昀所謂的「文以載道」乃儒家之道。對此，黃侃堅決駁斥：

> 夫堪輿之內，號物之數曰萬，其條理紛紜，人鬢蠶絲，猶將不足彷彿，今置一理以為道，而曰文非此不可作，非獨眛於語言之本，其亦膠滯而罕通矣。察其表則為讜言，察其裏初無勝義。使文章之事，愈痩愈削，寖成為一種枯槁之形。而世之為文者，亦不復揮究學術，研尋真知，而惟此欵言之尚，然則階之厲者，非文以載道之說而又誰乎？（《箚記‧原道》）

總體而言，黃侃的「自然之道」與文以載道確實有很大區別：文以載道說標榜的是儒家之道，包括儒家一切的綱常倫理和道德規範，無時不帶有極濃的封建說教氣息；「自然之道」具有事物變化發展規律的性質，推而廣之應用於論文，就演變為萬物皆有文的重文之旨。因此，黃侃批評紀昀曰：「紀氏又附會載道之說，殊為未諦。」（《箚記‧原道》）

其次，黃侃為了論證彥和之道乃自然之道，僅舉《文心雕龍‧原道》篇三例，並非信手拈來，而是有深刻用意的，因為這三例恰好體現了劉勰由「道」衍化之「文」的三個層次。〔註23〕

第一，「文」的自然美。「夫豈外飾，蓋自然耳。」動植萬品的文都不是外加的，而是自然形成的，亦可稱為「自然之道」。劉勰認為：天地玄黃，天圓地方，日月似重疊的碧玉，山川如煥然的錦繡，都是道之文彩。他不厭其煩地用優美的言辭描繪與天地並生的「動植萬品」，只要是自然，皆有文彩。

〔註22〕紀曉嵐：《紀曉嵐評文心雕龍》，江蘇廣陵古籍刻印社1997年版，第21、24頁。
〔註23〕童慶炳：《中國古代文論的現代意義》，北京師範大學出版社2003年版，第154頁。

由此可見，劉勰的「道之文」也就是自然美。這種追求「原生態」的傾向應用於文學領域就是批評鑒賞上的本色自然，《箚記》於字裏行間也體現這種本色自然的批評觀。「文章原於言語，疾徐高下，本自天倪」（《箚記·聲律》），他認爲作爲語言藝術的文學作品是「本自天倪」的；文章應該「多寡得宜，修短合度」，如果「專以簡短爲貴」，則「又失自然之理」（《箚記·鎔裁》）。黃侃認爲，「文章之事，以聲采爲本」，而「聲采由自然生，其雕琢過甚者，則浸失其本，故宜絕之，非有專隆樸質之語」（《箚記·原道》），在此，黃侃認爲文章聲采應以自然爲美，不可雕琢過甚，亦不可樸質無華。

第二，「文」的人工美。「心生而言立，言立而文明，自然之道也。」人爲「五行之秀」、「天地之心」，有「心」而後有「言」，有「言」而後有「文」，「文」自然生成，即是文學的「自然之道」。這就是說，文學作品的生成須經過「心」與「言」兩個中介。首先是「心」的感動，即「人稟七情，應物斯感。感物吟志，莫非自然。」（《文心雕龍·明詩》）其次是「情」外化爲「言」，沒有「言」也就無所謂文學作品。這符合文學創作的一般規律：爲文之始，要有感而發，物色變幻，心隨之搖曳，心生而後才能言，從而爲情而造文。黃侃強調「爲文定勢，一切率乎文體之自然」（《箚記·定勢》），創作中的命意與修辭「皆本自然以爲質」（《箚記·鎔裁》）。因此，他認爲劉勰的「左礙而尋右」之說「亦有尋討之功，非得之自然也」（《箚記·聲律》），而桐城派「案譜著棋，依物寫貌」的死法，更是「戕自然以爲美」（《箚記·鎔裁》）。另外，在涉及到文學創作諸多重要問題的論述上，黃侃雖未使用「自然」一詞，但明顯體現了「文道自然」的觀念。如《箚記·養氣》篇云：「爲文者欲令文思常贏，惟有弭節安懷，優游自適，虛心靜氣，」黃侃稱賞「意得則舒懷命筆，理伏則投筆卷懷」的創作態度，批評「銷鑠精膽，蹙迫和氣」的創作方法。

第三，「神理」之美。「誰其尸之，亦神理而已。」此處沒有直接標明自然，但「請注意『亦神理而已』一句中的『亦』字！『亦』是與上文『道之文也』、『自然之道也』相呼應而下的字眼，它暗暗地表明『神理』就是『自然之道』」。〔註24〕「神理」一詞在《文心雕龍》中出現七次，「總體看來，這個詞的用意和劉勰主張的『自然之道』有關。劉勰認爲自然之道比較深奧，只有聖人才能掌握。所以稱爲神理。」〔註25〕劉勰突出地提出「原道心以敷

〔註24〕祖保泉：《文心雕龍解說》，安徽教育出版社 1993 年版，第 15 頁。
〔註25〕陸侃如、牟世金：《文心雕龍譯注》，齊魯書社 1995 年版，第 99 頁。

章，研神理而設教」的命題，意思是說文學創作不能侷限於自然的淺層描繪，而要創造出達到藝術極致的「神理」之美。有學者認爲「神理」正反映了劉勰論文的侷限性，擺脫不了儒家經典的束縛。對此，黃侃以爲，劉勰推崇自然，是由法度而至自然，絕非棄法度「狂奔駭突」的任心妄爲。這種法度就是「六經」，所以黃侃特別推崇劉勰的宗經思想，認爲「經」是六藝之本原、文章之典範，「經訓之博厚高明，蓋非區區短言所能揚榷也。」（《劄記·宗經》）但是，黃侃強調「神理」還是有別於經學家「載道」之說。《劄記·徵聖》篇云：「此篇所謂宗師仲尼以重其言，」主要目的是引聖人言論，爲「自然之道」提供佐證，與那種「實殊聖心」的「載道」之文取徑不同。

另外，黃侃還認爲文體、文風的演變合乎時代、合乎情理之自然。《劄記·鎔裁》篇曰：「意多辭眾，未必可刪，意空簡辭枯槁，則並非簡短爲貴。」黃侃認爲，文章的繁簡，皆以自然爲質，不同體式的文章，皆有相應的繁簡，不必齊以一是。《劄記·事類》篇云：「是以後世造义，轉視古人，增其繁縟，非必文士之失，實乃本於自然。」黃侃以爲時代內容的豐富也會有必需的繁縟，這是一種依意依時而理應如此的自然。他一方面強調，「聲采由自然生，其雕琢過剩者，則浸失其本。」（《劄記·原道》）另一方面又指出，「彥和生於齊世，獨能抒此正論，以挽澆風，洵可謂卓爾之才矣。然鄭聲之生，亦本自然。」（《劄記·樂府》）「文之有駢儷，因於自然，不以一時一人之言而廢。」（《劄記·麗辭》）他肯定了彥和挽救時下頹廢奢豔文風的必要，對「雕琢過剩」、「浸失其本」者有所匡正；同時他又客觀地承認「鄭聲之生」、「文之駢儷」，皆出於自然。鄭聲迎合大眾厭雅喜俗的心理，是每個時代都有的；駢儷之文，亦是適時而現，不可一概而廢。再如黃侃對玄言詩的評價：「蓋恬憺之言，謬悠之理，所以排除憂患，消遣年涯，智士以之娛生，文人於焉託好，雖曰無用之用，亦時運爲之矣。」（《劄記·明詩》）黃侃認爲玄言詩的存在也是自然現象，乃「時運」使之。

（二）以折衷爲法

所謂折衷，本指儒家不偏不倚的倫理境界。從這一詞的早期應用看，如《史記·孔子世家》「中國言六藝者折衷於夫子」，王充《論衡·自紀》「折衷於聖道」，折衷即是以孔聖之言爲典則。劉勰徵聖立言，「述先哲之誥」，不免慨歎「中和之響，闃其不還」（《文心雕龍·樂府》），追求「酌奇而不失其眞，玩華而不墜其實」（《文心雕龍·辨騷》）的和諧境界。

「折衷」一詞在《文心雕龍》中出現兩次，一在《奏啓》篇，一在《序志》篇，另外《章句》篇還有「折之中和」一語。《箚記》無《奏啓》篇，但於另外兩處，黃侃都有品評。《文心雕龍‧章句》篇云：

> 然兩韻輒易，則聲韻微躁；百句不遷，則脣吻告勞；妙才激揚，雖觸思利貞，曷若折之中和，庶保無咎。

劉勰此段論詩賦用韻：「兩韻輒易」者，使人頗感急促；「百句不遷」者，令人亦嫌厭倦，二者皆有偏失。「折之中和」者，避兩者之失而取其宜，故曰「庶保無咎」。《箚記‧章句》篇云：「其云『折之中和，庶保無咎』者，蓋以四句一轉則太驟，百句不遷則太繁，因宜適變，隨時遷移，故曰口吻調利，聲調均停，斯則至精之論也。」《文心雕龍‧序志》篇云：

> 及其品列成文，有同乎舊談者，非雷同也，勢自不可異也：有異乎前論者，非苟異也，理自不可同也。同之與異，不屑古今，擘肌分理，唯務折衷。

在劉勰看來，同於前人者，異乎今論者，皆非因其出自古、或源於今，亦非茫然求之同，或苟然與之異。也就是說，劉勰並不以古今既成權威定論爲準，定論中他認爲合乎實際的，就與之同；反之，則要另立新論。《箚記‧序志》篇曰：「同異是非，稱心而論，本無成見，自少紛紜。」

「從方法論上說，劉勰『華實』並重的主張與他的『惟務折衷』的觀念有關。因此，要探得《文心雕龍》的理論要義，研究者也必須具有『尚中行』的思辨方式。《箚記》中的許多精深之論，就與黃侃的這種方法有密切關係。」〔註26〕黃侃正是「仰窺劉旨」，在對《文心雕龍》精闢闡釋的基礎上，提出了以「酌中」爲中心的論文綱領：

> 大抵舍人論文，皆以循實、反本，酌中、合古爲貴，全書用意，必與此符。（《箚記‧風骨》）

首先，《箚記》論文，主張「以存眞實爲主」，「求其諦實」，讚揚屈宋之辭「辭華者其表儀，眞實者其骨幹」（《箚記‧辨騷》），而對於「空言理氣，臆論典禮，以爲明道」的膚淺之論（《箚記‧徵聖》），黃侃十分鄙薄，嚴加撻伐。《題辭及略例》云：「世人忽遠而崇近，遺實而取名，則夫陽剛陰柔之說，起承轉合之談，吾儕所以爲難循。」難循的是棄根本而師「桐城」的空文，應循的是客觀自然的眞實之情。「捨情思而空言文氣者，蕩蕩乎如係風捕影，烏可得

〔註26〕張少康等：《文心雕龍研究史》，北京大學出版社 2001 年版，第 154 頁。

哉！」(《箚記・體性》)黃侃認為南朝之「蕪辭濫體」有三弊：「一曰繁，二曰浮，三曰晦。」(《箚記・情采》)，而真正的救弊辦法只有酌中循實：「酌中以立體，循實以敷文。」(《箚記・鎔裁》)

其次，「反本」，即「令循其本」，就是要重視自然的文采，講究作品的藝術特性，追求文章本應具有的本色美。一方面「雕琢過甚」，則「浸失其本」；另一方面，「淺露是崇」，亦「文失其本」(《箚記・原道》)。無論專尚華辭，還是專崇樸陋，都會使文章失去自然美。黃侃反對任何極端化：既反對「研弄聲調，塗飾華辭」，也反對「專隆樸質」、「淺露樸陋」。他認為：「侈豔誠不可宗，而文采則不宜去；清真固可為範，而樸陋則不足多」(《箚記・情采》)。這幾句很有分寸的話表明：黃侃不僅反對兩種弊端，而且針對時俗偏見尤其反對所謂樸陋即不重文采的弊端，這由其選學家的身份決定的。因此，黃侃多次強調文采的必要：「文辭之事，章采為要」，「振之以文采」，「儷詞雅義，符采相勝」。《箚記・神思》篇評「杼軸獻功」條云：「此言文賞修飾潤色。」「循實」與「反本」結合，就是既重質，又重文，文質相劑，情韻相兼，使文章「風歸麗則，辭剪美稗」(《箚記・詮賦》)，也即是「酌中」，「去甚去泰」，不偏不倚。

再次，折衷的實現還有賴於「師古」。正如《箚記・徵聖》篇云：「後之人將欲隆文術於既頹，簡群言而取正，微孔子復安歸乎？」但黃侃所謂的「師古」並不是簡單的復古，僅僅是手段，目的乃救正時弊。《箚記・通變》篇詳細闡析了繼承與創新的關係，指出所謂通變，即是師古，意在補偏救弊，「示人勿為循俗之文」，「師心自用者，雖或要譽一時，曾不轉瞬而為人唾棄」，因而黃侃提出師古而「變世俗之文」。另一方面，他也反對「拘者規摹古人」，斥之為「契舟膠柱」，主張「放言造辭，宜補苴古人之闕遺」。這樣看來，他所謂的「師古」，並不是復古主義者的泥古，而是章太炎所說的「復古即是揭新」。黃侃有一句名言：「師古而不為所役，趨新而不畔其規」(《書後漢書論贊後》)，正是「師古酌中」的最佳注腳。

最後，「酌中」意為斟酌損益，文質相劑，以達中和之境，這是對劉勰中和思想的提煉和發展。《文心雕龍・通變》篇云：「斟酌乎文質之間」，《鎔裁》篇云：「權衡損益，斟酌濃淡。」《箚記・原道》篇則針對「或失則過質，或失則過文」的文壇實際，提出：「必也酌文質之宜而不偏」，換言之，就是以「酌中」來救正兩種弊端。

　　將這種折衷法則應用於文學批評實踐，黃侃的觀點就不會過於偏執，一般比較客觀公允。比如以折衷的態度看待清代的駢散之爭：

> 古之爲文，初無定術。文言藻飾，用偶必多；質語簡淳，用奇必眾，用奇用偶，勿師成心，或捨偶用奇，或專崇麗對，皆非爲文之正軌也。（《箚記・麗辭》）

應該反對的，祇是「麗辭之末流」、駢文中的輕豔之詞，選用奇偶，自能「端莊雜流利，剛健含婀娜」（蘇軾《和子由論書》），從而合於中道。又如楚辭的風格，多數人認爲是偏於「酌奇」、「玩華」，《文心雕龍》也是比較突出其詭譎、誇誕的一面，很少有人把屈原的「奇」、「華」和「眞」、「實」有機結合起來。《箚記・辨騷》篇則切中肯綮：「其實屈、宋之辭，辭華者其表儀，眞實者其骨骼，學之者遺神取貌，所以有僞體之譏。」這樣的詮釋，不僅沒有把「奇」、「華」和「眞」、「實」對立，而是將其歸結爲「神」與「貌」的關係，這說明黃侃不僅明晰了劉勰這兩句話的實質，而且通過折衷的手法有所發揮。

　　黃侃論文，既尙自然，又貴折衷，其實本於自然，即合於中道。他所謂的折衷不僅僅指「文質相劑」的中庸之道，更指一種率乎自然的「文質無恒」之態。所以，在《箚記》的許多論述中，自然與折衷往往是一個問題的兩個方面。如《箚記・聲律》篇於「宮商大和……可以類見」條評道：「案此謂能自然合節與不能自然合節之分。曹潘能自然合節者也，陸左不能自然合節者也。」音律的自然就是合節（折衷），合節也即自然。又如《箚記・麗辭》篇云：「文之有駢儷，因於自然，不以一時一人之言而遂廢。然奇偶之用，變化無方，文質之宜，所施各別。或鑒於對偶之末流，遂謂駢文爲下格；或懲於流俗之恣肆，遂謂非駢體不得名文；斯皆拘於一隅，非閎通之論也。惟彥和此篇所言，最合中道。」一方面，黃侃認爲駢儷之文是自然產生的，另一方面他又指出前代關於駢文對偶的看法皆非「閎通之論」，只有劉勰的論述最符合折衷原則。

二、析論文術

　　《文心雕龍》中的「術」論，歷來是「龍學」研究的重點，並被眾多學者公認爲《文心雕龍》的精華所在。而黃侃的《箚記》則是首次從「爲文之術」的角度研究《文心雕龍》。

　　首先，造文必先明術。黃侃認爲「欲爲文者，其不可不先治練術之功哉」。他反覆強調「以術馭文」：「蓋思理有恒，文術有定，取勢有必由之準桌，謀

篇有難畔之綱維，用字造句，合術者工而不合術者拙，取事先治練術之功哉。」
（《箚記・總術》）黃侃以爲，定體取勢、謀篇造句，皆有術可依。聲律的選
用、辭采的潤色，都離不開練「術」之功。

> 是以練術而後文，如輪扁之引斧，棄術而任心，如南郭之吹竽，繩
> 墨之外，非無美材，以不中程式而去之無名；天籟所激，非無殊響，
> 以不合度而聽者告勞。……是知術之於文，等於規矩之於工師。（《箚
> 記・總術》）

他以劉勰「執術馭篇」爲前提，辨析了「善術」與「棄術」之不同。前者如
輪扁引斧，遊刃有餘；後者如南郭吹竽，濫竽充數。執「術」之標準，以「中
程」、「合度」爲基。「規矩以馭方圓，雖刻鏤眾形，未有遯於規矩之外者。」
（《箚記・章句》）

其次，文定有術，而文無定術。黃侃認爲，「舍人本意，非立一術以爲定
程，謂凡文必須循此，所謂始中終之步驟也，不可執詞以守意。舍人妙達文
理，豈有自制一法，使古今之文其道者哉？」（《箚記・鎔裁》）以術馭文，並
不是賦予文章以定式，而是文學創作總是有規律可循，因爲：

> 文之成立，蓋有定法，篇章字句，皆具不易之規，隱顯繁簡，皆合
> 必然之例，雖隨手之變，難以定法相繩，及其成篇，必與定法合。（《箚
> 記・附會》）

雖然「遣辭捶字，宅句安章，隨手之變，人各不同」，但是「規矩法律」是「不
可變革者」。這即是說，語言運用可以因人而異，是「可變革者」，而語言的
結構規則是有穩定性的，「雖歷千載，而粲然如新，由之則成文，不由之……
而爲人唾棄矣」。「定法」即「大體」之規律，而非「定體」之法。詩文寫作
是任心的、自由的，風格也是各不相同的，但只要稱其爲文章，最終必然有
規律可循。

再次，「術」與自然。黃侃論文以自然爲宗，而卻長篇討論「文術」問題，
這是否矛盾呢？對此，范文瀾《文心雕龍注》（以下簡稱「范注」）做出了解
釋：「本篇以總術爲名，蓋總括神思以下諸篇之義，總謂之術，使思有定契，
理有恒存者也。或者疑彥和論文純主自然，何以此篇亟稱執術，譏切任心，
豈非矛盾乎？謹答之曰，彥和所謂術者，乃用心造文之正軌，必循此始爲有
規則之自然；否則狂奔駭突而已。」〔註27〕范氏辯證地闡明了劉勰的自然觀

〔註27〕范文瀾：《文心雕龍注》（下），人民文學出版社1958年版，第659頁。

與「執術馭篇」的關係。劉勰所強調的自然是由法度而至自然，是對「爲文之術」的靈活運用，是臻於至境的「妙造自然」，而非棄法度的「狂奔駭突」。

所謂「文體多術，共相彌綸」，在寫作過程中，各種文術錯綜複雜，創作主體只有全面掌握、運用「爲文之術」，才不至於「萬分一累，且廢千里」、「一物攜貳，莫不解體」（《文心雕龍·總術》）。故黃侃依傍《文心雕龍》，提出了「安章之總術」。

（一）馭文首術，謀篇大端

劉勰認爲，寫作構思之始也即「察經酌緯，追騷稽史，貫穿百氏，泛濫眾體」的開始。構思活動中「物象紛湧」、「聯類不窮」的狀態，離不開作者平日的生活體驗和知識儲備。所以，黃侃認爲「積學以儲寶，酌理以富才，研閱以窮照，馴致以懌辭」：「此下四語，其事立於神思之先，故曰馭文之首術，謀篇之大端。」而且黃侃非常看重此四者，認爲「若未嘗致功，即徒思無益。」

「積學」，即積累才學知識，爲寫作儲備材料。對於知識的積累，劉勰特別強調「博見」二字。他屢屢提出「先博覽以精閱」（《文心雕龍·通變》）、「將贍才力，務在博見」（《事類》）、「博見足以窮理」（《奏啓》）等，都是強調才力學識對於寫作的重要意義。黃侃論文強調「爲文之術」，也非常重視「博」：「必先之以博觀，繼之以勤習，然後覽先士之盛藻，可以得其用心，每自屬文，亦能自喻得失。」（《箚記·總術》）博觀前世經典之文，而後勤加練習，常此積累，必有績效。在知識積累的過程中，黃侃特別強調兩點：「經心」和「耐心」。《箚記·事類》篇曰：

> 故凡爲文用事，貴於能用其所嘗研討之事，用一事必求之根據，觀一書必得其績效，期之歲月，瀏覽益多，下筆爲文，何憂貧瘠。……是則尋覽前篇，求其根據，語能得其本始，事能舉其原書，亦須年載之功，豈能魯莽以就也。

若要「語能得其本始，事能舉其原書」，此非「經心」之力無以完成。而「經心」之效，貴在「耐心」堅持，「亦須年載之功」，不可急於求成。黃侃認爲「積學」的意義十分重大，因爲積累的深淺，決定文思的敏捷與遲鈍。《箚記·神思》篇在「張衡研京以十年，左思練都以一紀」條評道：「案二文之遲非盡有思力之緩，……其緩亦半由儲學所致。」

在「追騷稽史，貫穿百氏」的積學活動中所獲得的「巨鼎細珠」，是否正

確以及是否符合寫作構思的目的，需要「斟酌於周孔之理，辨析於毫釐之間」。故此，劉勰認爲：「博見爲饋貧之糧，貫一爲拯亂之藥。」黃侃也認爲「酌理以富才」的過程，就是「貫一」以「拯亂」的過程。他重視積累，卻不以「博」爲旨歸，而是「博」、「一」並舉。《劄記‧神思》篇「博而能一」條評道：「四字最要。不博，則苦其空疏；不一，則憂其凌雜。於此致意，庶其學不致偏廢，而罔殆之患可以免。」在此，黃侃明確強調：不博，則空洞無物；不一，則凌雜無序。博而能一，精於取捨，斟酌損益，是作者辨其情理之功，亦是作者才華彰顯之處。黃侃還把「博精」與「通變」相聯繫。《劄記‧通變》篇「先博覽以精閱」條評道：「博精二字最要，不博則師資不廣，不精則去取不明，不博不精而好變古，必有陷溺之憂矣。」博中取精，即是酌情析理，博以求通，精以求變。正如《劄記‧神思》篇所言：

> 凡言理者，必審於形名，檢以法式，虛以待物，而不爲成說所拘，博以求通，而不爲偏致所蔽，如此則所求之埋，眞信可憑，智力之充，由漸所致。不然，膠守腐論，錮其聰明，以賊其才，非富才之道也。

酌理而求通變，必審於形名，檢以法式，不拘成說，然後智力漸充。不博不精，不酌理不富才，則如膠守腐論，所得無非投機取巧之法。

　　劉勰認爲，達到「貫一」「拯亂」並非結束，鑒於「理之蓄蘊，窮深極高，非淺測所得盡」，因此作者要「精研積閱，以窮其幽微」。「研閱」即是要求寫作主體總結各種閱歷，從而汲取創作經驗。劉勰論文，直接生活體驗和間接經驗並重；黃侃論文，更側重於間接經驗的借鑒和吸收。《劄記‧通變》篇云：

> 彥和此篇，即以通變爲旨，而章內乃舉古人轉相因襲之文，可知通變之道，惟在師古，所謂變者，變世俗之文，非變古昔之法也。

在黃侃看來，師古是彥和論文求通變的根基，唯有深入研習古人之作，才能變世俗之文。「自世人誤會昌黎韓氏之言，以爲文必己出；不悟文貴出於己，然亦必求合於古人之法。」世人常引韓愈「唯陳言之務去」的觀點，以爲文章必由己出，卻忽略了韓氏所言「宜師古聖賢人」，「師其意，不師其辭」（韓愈《答劉正夫書》）。所以黃侃指出「博覽往載，熟精文律，則雖自有造作，不害於義，用古人之法，是亦古人也。」博覽往載之文，熟精文章寫作規律，才能合於古人之法，即使有所獨造，亦不會害義。彥和以爲，「誇張聲貌，漢初已極，自茲厥後，循環相因，雖軒翥出轍，而終入籠內。」（《文心雕龍‧

通變》）黃侃以此爲根據，提出「明古有善作，雖工變者不能越其範圍，知此，則通變之爲復古，更無疑義矣」（《箚記・通變》）。即使各朝各代均講通變，而最終亦是「工變者不能越其範圍」。具體而言，只有在通變師古的前提下，依性而用新辭，來補足古人未經歷之闕遺。「以此求新，人不厭其新，以此率舊，人不厭其舊。」（《箚記・通變》）

劉勰還特別強調「馴致以懌辭」，也即陶冶性情，熔鑄才性。《文心雕龍・體性》篇曰：「才有庸俊，氣有剛柔，學有淺深，習有雅鄭，並情性所鑠，陶染所凝，是以筆區雲譎，文苑波詭者矣。」這裡的才、氣、學、習，綜合在一起，即是作者的「才性」。《箚記・體性》篇指出：「才氣本之性情，學習並歸陶染，括而論之，性習二者而已。」認爲才智、氣質本於性情，學識、習染歸於陶染，明確了才智之庸俊、氣質之剛柔、學識之淺深、習染之雅鄭，分別受於先天條件和後天環境的制約。「然性由天定，亦可以力輔助之，是故慎於所習，」「雖才性有偏，可用學習以相補救。」這裡的「學習」是人力輔助的過程，亦是動態的積累學養的過程。「才性」有所不一，要靠「學習」補足，後天學養的積累，會直接決定學識深淺、習染雅鄭；間接地亦會影響才智庸俊、氣質剛柔。因而，黃侃提出「性習相資，不宜或廢。」但若使「才性」趨於完美，則「惟專練雅文，此定習之正術，性雖異而可共宗者也」（《箚記・體性》）。儻若所習爲鄭聲，或所學爲紕繆，則會妨礙才性之完善。爲此，「學習」要順應性情，揚長避短；儻若「學習」與性情相違，雖勤學苦練，亦未有成效。

概而言之，「積學、酌理、研閱、馴致」四者並非毫無關聯，而是互相包含、逐層遞進的。「范注」《神思》篇注十詳細分析了四者在寫作構思中「極有倫序」、層層遞進的過程：

> 虛靜之至，心乃空明。於是稟經酌緯，追騷稽史，貫穿百世，泛濫眾體，巨鼎細珠，莫非珍寶，然聖經之外，後世撰述，每雜邪曲，宜斟酌於周孔之理，辨析於毫釐之間，才富而正，始稱妙才。才既富矣，理既明矣，而理之蓄蘊，窮深極高，非淺測所得盡，故精研積閱，以窮其幽微。及其耳目有沿，將發辭令，理潛胸臆，自然感應。若關鍵方塞而苦欲搜索，所謂理翳翳而愈伏，思乙乙其若抽，傷神勞情，豈復中用。〔註28〕

〔註28〕范文瀾：《文心雕龍注》（下），人民文學出版社 1958 年版，第 498～499 頁。

范文瀾指出，構思活動能否展開和深入，取決於寫作主體是否具有豐富的知識儲備。寫作主體只有厚積方能薄發，只有旁徵博引、觸類旁通，才能爲神思活動提供堅實的基礎。正基於此，黃侃和范文瀾都認爲此四者乃「馭文之首術，謀篇之大端」。

（二）虛靜神思，營構意象

《文心雕龍·神思》篇云：「積學以儲寶，酌理以富才，研閱以窮照，馴致以懌辭，然後使玄解之宰，尋聲律而定墨；獨照之匠，窺意象而運斤：此蓋馭文之首術，謀篇之大端。」劉勰所認爲「神與物遊」展開的基本條件有二：一是知識學問、經驗閱歷的積累；二是虛靜神思的創作狀態。黃侃迴避了「玄解之宰，尋聲律而定墨；獨照之匠，窺意象而運斤」，而是直指「積學、酌理、研閱、馴致」。這可能是對劉勰本意的誤解。但這並不意味黃侃不重視神思論，相反，他對劉勰的虛靜神思論進行了層層剖析，可從《箚記·神思》篇的三條注釋中窺見一斑。

其一，黃侃稱劉勰的「神與物遊」爲「尋心智之象」。《箚記·神思》篇「文之思也，其神遠矣」條評道：

> 此言思心之用，不限於身觀，或感物而造端，或憑心而構象，無有幽深遠近，皆思理之所行也。尋心智之象，約有二端：一則緣此知彼，有斠量之能；一則即異求同，有綜合之用。由此二方，以馭萬理，學術之原，悉從此出，文章之富，亦職茲之由矣。

黃侃認爲，「尋心智之象」之法有二：一種是聯想和想像，從某一事物及其特性，推演出其他事物及意義。借助於這種形象類推，可以明晰事物之間、事物與情志之間的共性，從而確立主題，即所謂「緣此知彼，有斠量之能」。另一種是形象綜合，透過各種對立或差異的事物表面，在聯想和想像的過程中概括出必然的共同主題，即所謂的「即異求同，有綜合之用」。唯有能「緣此知彼」，又能「即異求同」，即充分發揮聯想、想像和綜合之用，才能「挫萬物於筆端，隆天地於形內」（陸機《文賦》）。此二方之用，是「謀篇之大端」的條件已具，進入構思時，不可迴避的「爲文之術」。沒有聯想與想像，則無法「視通萬里」、「思接千載」，納萬物入於我胸；沒有綜合之用，則無法去粗取精，捕捉事物的主要特徵，體現作者的性格情趣。

其二，「尋心智之象」是一個雙向互動的過程。《箚記·神思》篇在「神與物遊」條評道：

> 此言內心與外境相接也。內心與外境，非能一往相符會，當其窒塞，
> 則耳目之近，神有不周；及其怡懌，則八極之外，理物不決。然則
> 以心求境，境足以役心；取境赴心，心難於照境。必令心境相得，
> 見相交融，斯則成連所以移情，庖丁所以滿志也。

「神與物遊」是劉勰神思論的核心，意謂構思過程中，聯想和想像是伴隨著意象而展開的，即「寫氣圖貌，既隨物以宛轉；屬采附聲，亦與心而徘徊」（《文心雕龍‧物色》）。黃侃認為，「神與物遊」即「心境相接」，內心與外境相得。心境是否相得，取決於樞機之通塞。樞機疏通，心境方能相照，如庖丁解牛，雖目無全牛，卻以神遇之，則恢恢然其遊刃必有餘地也。不僅如此，黃侃在闡發「神與物遊」時，更強調心與物的雙向互動。他要求「心境相接」既要「以心求境」，又要「取境赴心」。若單「以心求境」，則「境足以役心」，心為物役而不能役物，勢必會迷失自我；若單「取境赴心」，則「心難於照境」，也不能發揮情志的主導作用。唯有兼此二者，方能達到「心境相得，見相交融」的境界。

其三，虛靜與養氣乃「尋心智之象」之必備。《箚記‧神思》篇「陶鈞文思，貴在虛靜」條評道：

> 此與《養氣》篇參看。《莊子》之言曰：惟道集虛。《老子》之言曰：
> 三十輻共一轂，當其無，有車之用。爾則宰有者無，制實者虛，物
> 之常理也。文章之事，形態蕃變，條理紛紜，如令心無天遊，適令
> 萬狀相攘。故為文之術，首在治心，遲速縱殊，而心未嘗不靜，大
> 小或異，而氣未嘗不虛。執璿機以運大象，處戶牖而得天倪，惟虛
> 與靜之故也。

黃侃認為《養氣》「補《神思》之未備，而求文思常利之術也」，獨到地提出兩篇互為參看。養氣是無需苦思，必「逍遙針勞，談笑藥倦」（《文心雕龍‧養氣》）；虛靜即「心靜澄明」狀態下的從容，養氣與虛靜都乃神思之必備，亦是為文之前提。但黃侃又看到，應「不復強思以自閒，若云心虛靜者，既無滯於為文，則亦不定之說也。」虛靜乃為文的必要條件，但反之未必。心靜澄明，秉心養術後，能否為文乃「不定之說」；但若為文用思，則必須虛靜。黃侃如此辯證地看待虛靜，著實難能可貴。同樣，黃侃肯定養氣之說，但也指出養氣不是「養生」：

> 恒人或用養氣之說，盡日遊宕，無所用心，其於文章之術未嘗研煉，

甘苦疾徐未嘗親驗，茍以養氣爲言，雖使頤神胎息，至於百齡，一
旦臨篇，還成岨峿，彥和養氣之説，正爲刻厲之士言，不爲逸遊者
立論也。（《劄記·養氣》）

黃侃明確指出，彥和此篇是針對鑽礪過分之人立言，而非爲「優游」而「優
游」。若終日「頤神胎息」，養精自保，不肯研術，把「優游自適」視爲悠閒
自得，則亦會無以爲文。

　　另外，黃侃還認爲「人才有高下」，所以爲學爲文皆「不可強爲」。《劄記·
養氣》篇曰：

大凡爲學爲文，皆有張弛之術，故《學記》云：「君子之於學也，藏
焉（積累）、修焉（研究）、息焉（休息）、遊焉（放縱）。」

君子爲文，要張弛有術，有積累研閲，還要舒放自適。因而，黃侃特別稱賞
劉勰所提出的「意得則舒懷命筆，理伏則投筆卷懷」的自然爲文狀態，看到
了「爲文者欲令文思常贏，惟有弭節安懷，優游自適，虛心靜氣，則應物無
煩，所謂明鏡不疲於屢照也。」（《劄記·養氣》）這與彥和反對「鑽礪過分」、
「銷鑠精膽」，主張「率志委和」、「優柔適會」相一致，更與「心靜澄明」桴
鼓相應。

（三）命意修辭，詞具意顯

　　「物沿耳目，辭令管其樞機，」構思活動的成果最終是要形之於語言文
字的，正所謂「意授於思，言授於意」（《文心雕龍·神思》），劉勰清醒地認
識到文字表達在文學創作中的重要作用。黃侃也認爲：「意立而詞從之以生，
詞具而意緣之以顯，二者相倚，不可或離。」（《劄記·鎔裁》）意義確立了，
則會產生適當的表現形式；有了合適的表現形式，意義也就能充分表達。此
二者相互依存，不可或缺，這與劉勰所提出的「情理設位，文采行乎其中，
剛柔以立本，變通以適時」（《文心雕龍·鎔裁》）是一脈相承的。所以，黃侃
獨到地提出「作文之術，誠非一二言能盡，然挈其綱維，不外命意修辭而已。」
（《劄記·鎔裁》）具體來說，「命意」要講求事信，「修辭」要重視體約。《劄
記·宗經》篇「體有六義」條評道：「此乃文能宗經之效。六者之中，尤以事
信體約二者爲要：折衷群言，俟解百世，事信之征也；芟夷煩亂，剪接浮辭，
體約之故也。」

　　黃侃認爲：「無學之文不必爲，無用之文不必爲，」「文章之事，不可空
言，必有思致而後能立言，必善辭令而後能命筆。而思致不可妄致也，讀誦

多，採取眾，校核精，則其思必不凡近。」〔註 29〕在此，黃侃強調文章要言之有物，「不可空言」，而且「思致不可妄致」，要博采眾書，精心校核。這在《箚記》中也有明顯體現。黃侃認爲引典論文時，「無論記事言理，必當考覈名義，求其諦實。」「用一事必求之根據，觀一書必得其績效。」「是則尋覽前篇，求其根據，語能得其本始，事能舉其原書。」（《箚記‧事類》）欲事信，則須考覈名義、求之根據，語能本始、事出原書。他還認爲文學創作首先必須保證言之有物，即作品要反映出深刻的思想內容。於是黃侃搬出了劉勰的宗經思想，認爲「經訓之博厚高明，蓋非區區短言所能揚榷也」，具體表現在四方面：其一，六藝文章之創作，必須「挹其流」、「撢其源」、「攬其末」、「循其柢」；其二，「經體廣大，無所不包」，所以作家「不睹六藝，則無以見古人之全，而識離合之理」；其三，「雜文之類，名稱繁穰，循名責實，則皆可得於古，……若夫九能之見於《毛詩》，六辭之見於《周禮》，尤其淵源明白者也」；其四，「文以字成，則訓詁爲要；文以義立，則體例居先，此二者又莫備於經，莫精於經」。所以，「欲得師資，捨經何適？」概而言之，黃侃以爲「經」是六藝之本原、文章之典範，所以爲文宜宗經。

事信之外，還須體約，還要「芟夷煩亂，剪接浮辭」，要做到「全篇無盈句，句無贅字，字在句中，必有其用，非苟以足句也；句在篇中，必有其用，非苟以充篇也。」（《箚記‧風骨》）正因爲如此，黃侃將「知小學」視作「爲文」之前提，認爲「自小學衰微，則文章瘠削」。（《箚記‧練字》）對此，周勳初有過精彩論述：「季剛先生研究《文心雕龍》時，也反映出了樸學家首重文字的特點。可以說，《聲律》、《麗辭》等篇的箚記，特別是《章句》篇的箚記，最足以反映季剛先生在樸學方面的修養和這一流派論文的特點。」〔註 30〕黃侃研究《文心雕龍》，首倡「以文字爲準，不以文章爲準」，所以最重小學功底。

首先，「練字之功，在文家爲首要」，因爲「文者集字而成，求文之工，必先求字之不妄」。黃侃認爲造成用字紛紜的原因有二：從客觀層面看，是由中國漢字的特點決定的：其一，「眾字之形聲意訓往往互相牽綴，故用字者因之無定」；其二，「字義紛綸，檢擇無準」；其三，「字義不定，辨析尤艱」；其四，「辨義正名，實非易業」。從主觀層面看，則由於文人好尙造成的四大弊

〔註29〕 司馬朝軍、王文暉：《黃侃年譜》，湖北人民出版社 2005 年版，第 163 頁。
〔註30〕 周勳初：《黃季剛先生〈文心雕龍箚記〉的學術淵源》，《文學遺產》1987 年第 1 期。

端：「或是古而非今，或慕難而賤易，或崇雅而鄙俗，或趨奇而厭常。」那麼，如何才能達到「字之不妄」呢？黃侃認爲：

> 上之宜明正名之學，下亦宜略知《說文》《爾雅》之書，然後從古從今，略無蔽固，依人自撰，皆有權衡，釐正文體。（《箚記·練字》）

只有這樣，才「不致陷於魯莽」、「不致失其本來」。還須值得一提的是，黃侃論練字之術，並非泥於千篇一律，他主張「用字依人，亦有依古依俗之別」，「文飾之言，非效古固不能工妙，而人之好尚，不能盡同，此當聽其自爲，不必齊以一是」。如果一味以倣古爲尚，「猶之學方言者，……一句不累，一字不安，則亦有敗績失據之患」。

其次，「一切文辭學術，皆以章句爲始基」，因爲「結連二字以上而成句，結連二句以上而成章，凡爲文章，未有不辨章句而能工者也；凡覽篇籍，未有不通章句而能識其義也」。如若捨棄章句，則「無趣於工巧之途」。《章句》乃《箚記》中最長之篇，據徐復《師門憶語》載：「先生謂一切文辭學術，皆以章句爲始基。講授《文心雕龍》課，特別重視《章句》一篇，先生寫的箚記，特爲詳明。」〔註31〕那麼何爲「章句」？黃侃認爲：

> 章者，合句而成，凡句必須成辭，集數字以成辭，字與字必相比敍也，集數句以成章，則句與句亦相比敍也；字與字比敍，而一句之義明，句與句比敍，而一章之義明；知安章之理無殊乎造句，則章法無紊亂之慮矣。（《箚記·章句》）

不難看出，這裡的章句就是我們今天所說的句法或句法結構：析而言之，有組字成句、「必相比敍」的句法和組句成章、「句與句亦相比敍」的章法。「不辨章句」、「不通章句」，就難「爲文辭」。黃侃依據舍人之文，參閱《馬氏文通》，「加以己意」，建議爲文者在九個方面下功夫：

> 一釋章句之名，二辨漢師章句之體，三論句讀之分有繫於音節於繫於文義之異，四陳辨句簡捷之術，五略論古書文句異例，六論安章之總術，七論句中之字數，八論句末用韻，九論詞言通釋。（《箚記·章句》）

概而言之，若要明晰章句之術，可以從兩方面著手：其一，讀古書，揣摩借鑒古書之章句手法技巧；其二，注重章句技巧，從一字一韻、一詞一義直至「安章之總術」。

〔註31〕程千帆：《量守廬學記：黃侃的生平和學術》，三聯書店 2006 年版，第 150 頁。

再次，「文章音節須令諧調」，因爲「文章原於言語，疾徐高下，本自天倪，宣之於口而順，聽之於耳而調」。黃侃在音韻方面頗有建樹，他提出的「古韻二十八部說」、「古聲十九紐說」、「古音僅有平入二聲說」，在音韻學史上都有重大意義。但是音韻之學與聲律之文並不能混爲一談，於是黃侃批評了紀昀對《文心雕龍‧聲律》篇的評論：「齊梁文格卑靡，獨此學獨有千古，鍾記室以私憾排之，未爲公論也。」〔註32〕對此，黃侃認爲：「紀氏蓋以聲韻之學與聲律之文並爲一談，因以獻諛於劉氏。」黃侃雖然強調「爲文須論聲律」，但由於「樂本效人，非人效樂」，而且「古代詩歌，皆先成文章，而後被聲樂，諧適與否，斷以胸懷，亦非若後世之詞曲，必按譜以爲之也。」所以作家爲文「亦何必拘拘於浮切，齗齗於宮徵，然後爲貴乎？」正鑒於此，他認爲那些「不知音而妄成音者」，就類似於東郭處士濫竽充數。黃侃還客觀地批評了劉勰爲了「取定沈約」，「不得不枉道從人」，認爲在聲律問題上鍾嶸優於劉勰，聲韻講四聲，文學卻不應「爲此拘忌」，而應以自然爲準。《韓非子‧外儲說右》云：「夫教歌者，使先呼而詘之，其聲反清徵者乃教之。一日，教歌者先揆以法，疾呼中宮，徐呼中徵，疾不中宮，徐不中徵，不可謂教。」黃侃加案語曰：「韓非之言，乃驗聲之術，彥和引用以爲聲音自然之準，意與韓子微異。」因此，他認爲陸機的「音聲疊代，五色相宣」之說，「亦有尋討之功，非得之自然也」。

當然，黃侃對語言修辭還有更高的要求——「文不棄美」，特別提出了「去誇不去飾」之說。《箚記‧誇飾》篇曰：「舍人有言：誇飾在用，文豈循簡。……而終之以去誇不去飾之說。」「去誇不去飾」之說是黃侃深刻領會彥和本意而首次提出：

> 總而言之，文有飾詞，可以傳難言之意；文有飾詞，可以省不急之文；文有飾詞，可以摹難傳之狀；文有飾詞，可以得言外之情。古文有飾，擬議形容，所以求簡，非以求繁，降及後世，誇張之文，連篇累卷，非以求簡，祇以求繁，仲任所譏，彥和所誚，固宜在此而不在彼也。

黃侃區別看待「誇文」和「飾文」，文有誇詞，則會事增其實，辭溢其眞，美過其善；而文有飾詞，可假借物象而言傳玄理，昭顯文意。黃侃就此言明彥和所譏誚之文在「誇」而不在「飾」，並在《箚記‧序志》篇中明確指出：「彥

〔註32〕紀曉嵐：《紀曉嵐評文心雕龍》，江蘇廣陵古籍刻印社 1997 年版，第 287 頁。

和之意，以爲文章本貴修飾，特去剩去泰。」劉勰還認爲「誇而有節，飾詞
而不誣」，黃侃評云：「古之爲言，有肆而隱者矣，有曲而中折矣，意之既得，
雖言可遺也，言之難傳，雖溢無害也。」文有飾詞，但必須有節有度。歸根
結底，黃侃的「去誇不去飾」說正是其折衷思想的體現。

（四）乘一總萬，統貫意辭

　　「統貫意辭」乃作家爲文最後落到實處之筆，故劉勰設專篇《附會》，研
討如何「總文理，統首尾，定與奪，和涯際，彌綸一篇，使雜而不越」（《箚
記‧附會》）。黃侃作《箚記》更注重於此，以爲《鎔裁》篇「但言定術」，《章
句》篇則「致意安章」，而《附會》篇則明言如何統貫意辭。且「二篇各有首
尾圓合，首尾一體之言，又有綱領昭暢，內義脈注之論」，這與《附會》之「總
文理」、「統首尾」相輔相成。故黃侃綜合三篇，重在發掘劉勰是如何統貫意
辭、彌綸成篇的。

　　《文心雕龍‧總術》篇讚語云：「文場筆苑，有術有門，務先大體，鑒必窮
源。乘一總萬，舉要治繁。思無定契，理有恒存。」黃侃點明「思無定契，理
有恒存」八字爲要。因爲「不知思無定契，則謂文有定格，不知理有恒存，則
謂文可妄爲」（《箚記‧總術》），儻若不理解作者的構思是千變萬化而無定契的，
則會以爲文有定式；儻若不理解寫作本身是有規律可循的，則會隨意爲文而難
成體式。因而，一篇作品依據其內容表達的需要，必定有　個總的要求，即須
識「大體」，然後才能恰如其分地運用各種具體的文術。如此，「雖文意細若秋
毫，而識照朗於鏡鑒。故曰乘一總萬，舉要治繁。」（《箚記‧總術》）

　　「一」和「萬」的關係，即《文心雕龍‧總術》篇中引用老子所說的「三
十幅共一轂」。這種一對多的關係，實際上亦指整體與部分的關係，整體是
「一」，部分是「萬」。作者在進入具體寫作之前，必須先對表達對象有一個
整體的佈局，然後才可以知道每一個部分應放在什麼位置比較合適，而每一
個具體部分的去留、詳略，則有了剪裁的標準。文章寫作有了整體全局觀念，
實如房子豎起了基本框架。作者在動筆前有全局在胸，方能落筆自如，而無
相互牴牾之病。誠如《文心雕龍‧附會》篇所言：「凡大體文章，類多枝派；
整派者依源，理枝者循幹，是以附辭會義，務總綱領；驅萬塗於同歸，貞百
慮於一致；使眾理雖繁，而無倒置之乖；群言雖多，而無棼絲之亂。」強調
的就是「乘一總萬」，即以總體統率部分、綱領統率毛目的問題。

　　「一」和「萬」的關係也是共性和個性的關係，「一」代表共性，「萬」

代表個性。所以，在《箚記·附會》篇，黃侃不惜筆墨強調「一」的重要性。

> 大抵著文裁篇，必有所詮表之一意，約之爲一句，引之爲一章，長
> 短之形有殊，而必有所詮，所詮必一則不異，造次出辭，精微談理，
> 高下之等有殊，而皆求一所詮則不異，累字以成句，累句以成章，
> 繁簡之狀有殊，而累眾意以詮一意則不異。

無論章句的長短，文意的繁簡，還是有次序地表辭達意，精細入微地闡明事
理，都應遵循「一」而不異的原則。儻若眞能「主必致一」，則「物雖眾則知
可以執一御也」，「義雖博則知可以一名舉也」。然而，黃侃的闡釋又不僅僅在
於此，他以「一」爲宗，卻以「二」視之。他注意到，「雖謂一句集眾所詮以
成一所詮可也，此眾所詮與彼一所詮相待而成兩端，」「一」之所以爲「一」，
則因其集「眾」所詮之理爲一體，文章枝葉雖多，文辭舉例雖眾，無非還是
舉一端以闡明另一端，使「眾所詮」與「一所詮」相對而成爲兩端。《箚記·
附會》篇又云：

> 彼眾所詮無一不與此一所詮相係，一也；眾所詮之間，又無一不自
> 相係以歸於彼一所詮，二也。是故表其名，曰源派，曰枝葉，曰主
> 朋，則不過兩端而已矣。

黃侃所詮釋的「一」與「萬」的關係，實際上也是內容和形式的關係。內容上，
則「一」爲綱（主題），「眾」爲目（材料），綱舉則目張。「眾所詮」要圍繞統
一的主題，所詮之意的取捨皆由主題支配。形式上，則整體是「一」，部分是「眾」。
「眾所詮」又自成體系，而統轄於整體的結構中。這裡，「一」爲主，「眾」爲
次，「一端既定，得其環中，變雖無窮，而係中則一，所繫相共」。

以黃氏之言，以術馭文，宜把握要害，最根本的就是以「一」總「萬」。
《箚記·附會》篇總結云：

> 是故每有一所詮，其所藉之眾所詮必與此一所詮有必不能離之故，
> 用思者賴此而不憂渙散，辨體者賴此而不誤規型，裁章者賴此而能
> 剪截浮辭，酌典者賴此能配合事類，故曰鎔範所凝，各有司匠，雖
> 無嚴郛，難得逾越，定勢之說如此，命意之說亦如此。

無論命意修辭，還是定體取勢，遵循著乘「一」總「萬」的原則，則可以使
用思者集中而不游離，定體者用體中規而不龐雜，剪截浮辭與酌事取類者均
有據可依。「萬」在「一」的統轄之下各得其所，而不逾越其界限，不會因部
分之瑕疵而破壞了作品的整體美。

　　以上四點似乎凌亂無序，實際上符合現代創作理論：寫作是在積累學識、觀察生活的基礎上，從構思開始的，所以劉勰將《神思》列爲「文術論」首篇，黃侃的闡釋也從《神思》篇開始；而作者能否進入神思的創作狀態，不僅取決於虛靜的心態，更取決於作者個人的才力學識，所以黃侃不惜筆墨闡釋了「積學」、「酌理」、「研閱」、「馴致」與文思的關係；構思完成之後，蓄積於胸的情思需要形之於文字，這就牽涉到命意與修辭的功夫；而「統貫意辭」則是創作最後落到實筆之處，只有這樣，作品最終才能形成一個整體。所以說，黃侃準確闡釋了彥和「文術」論的內涵，不僅破解了《文心雕龍》研究中的一個難點，豐富了寫作理論，而且其對「執術」問題辯證通達的闡述對寫作理論與實踐也具有指導意義。

三、辨彰體勢

　　黃侃論述《文心雕龍》下篇結構時云：「自此（指《神思》篇）至《總術》及《物色》篇，析論爲文之術，《時序》及《才略》以下三篇，綜論循省前文之方。」（《箚記・神思》）但事實上，《箚記》的主體是「析論爲文之術」，基本未涉及「循省前文之方」。然而在對「體」與「勢」的精闢闡釋中，黃侃一定程度上突現了彥和的文學風格論。

（一）體性之「體」

　　《文心雕龍》全書用「體」字 195 處，各有其義，主要可分爲兩大類：一是體裁樣式，一是文學風格。作爲體裁樣式的「體」內容相對簡單，而作爲風格層面的「體」則要複雜的多，大致上又可分爲三種：作家風格、文體風格和時代風格。體性之「體」主要就是指作家風格。《箚記・體性》篇釋本篇主旨云：

　　　體斥文章形狀，性謂人性氣有殊，緣性氣之殊而所爲之文異狀。然
　　　性由天定，亦可以人力輔之，是故愼於所習。此篇大恉在斯。

黃侃認爲，「體」即風格，「性」即作家的創作個性，「體性」是「因內而符外」的統一體，然而「性」並不因爲先天的原因而成爲固定的程式，還可以通過後天的「所習」來改變。

　　首先，「性習」與「體」。黃侃在《箚記・體性》篇將「才氣學習」四者作了區分：「才氣本之情性，學習並歸陶染，括而論之，性習二者而已。」雖

「性非可力致，」而「爲學則在人」；雖「才性有偏」，亦可「學習以相補救」，所以黃侃特別提出了他的「定習之正術」：「專練雅文」。黃侃雖然強調「性習」有別，但也看到了「性習相資，不宜或廢」。他認爲「八體之成，兼由性習，不可指若者屬辭理，若者屬風趣也。」接著，黃侃辯證分析了「文如其人」說。他認爲：

> 以言觀人，其來舊矣。惟是人情萬端，文體亦多變遷，拘者或執一文而定人品，則其說又塞礙不通。（《劄記・體性》）

顯然，黃侃不贊成「文如其人」之說，以爲執一文而論人品，未免拘一而不通。但他又認爲：

> 今謂人之賢否，不繫於文之工拙，而因文實可以窺其性情，雖非若景之附形，響之隨聲，而其大齊不甚相遠，庶幾契中之論，合與彥和因內符外之旨者歟。

黃氏在評「才氣之大略」條又云：「此語甚明，蓋謂因文觀文，亦但得其大端而已。」而正確的評人論文方法不是「視其義理之當否」，而是「綜其意言氣韻而察之也」。

其次，八體「本無軒輊」。《文心雕龍・體性》篇列舉文章風格，「數窮八體」。《劄記・體性》篇曰：

> 又彥和之意，八體並陳，文狀不同，了無輕重之見存於其間。下文云：「雅與奇反，奧與顯殊，繁與約舛，壯與輕乖。」然此處文例，未嘗依其次第，故知塗轍雖異，樞機實同，略舉畛封，本無軒輊也。

黃侃以爲，彥和之意實爲八體並陳，無所謂輕重高低，八體塗轍雖異而樞機實同。對此，諸多學者不以爲然。既然「八體並陳」、「了無輕重」，祇是「略舉畛封，本無軒輊」，那麼包括於八體中的「新奇」和「輕靡」，自然就無所謂褒貶了。如此之論，當然不符合劉勰原義。因爲劉勰把「新奇」、「輕靡」與「擯古競今，危側趣詭」、「浮文弱植，縹緲附俗」相聯，褒貶傾向十分明顯。況且，劉勰寫作的核心是力圖改變「去聖久遠，文體解散，辭人愛奇，言貴浮詭」的文壇現狀，而主張「執正以馭奇」。故黃侃之評有偏於彥和本意。筆者以爲，作爲文論家，不能因自己的好惡而無視現實文體風格的存在。劉勰面對文壇現狀，「無私於輕重，無偏於愛憎」（《文心雕龍・知音》），承認其存在，但卻未肯定其美或醜，從而並陳八體，合乎情理。黃侃就此肯定劉勰八體並舉，正是看到「合之則是，不合則非，……此亦彥和所譏也。」（《劄記・通變》）由此可見，

黃侃推崇「平理若衡，照辭如鏡」的鑒賞風格，間接肯定了不同風格存在的合理性。所以周勛初認為：「這兩種風格的文章突出地反映了齊梁文學的特點，季剛先生加以肯定，說明他在衡文時也不廢齊梁。」〔註33〕

　　再次，八體與「大體」。《箚記‧詮賦》篇曰：「夫假象過大，則與類相遠；選辭過壯，則與事相違；辯言過理，則與義相失；麗靡過美，則與情相悖。此四過者，所以背大體而害政教。」此言「大體」，主要指各種文體寫作的根本原則。黃侃認為，司馬遷之所以刪去司馬相如的浮辭豔說，揚雄之所以厭惡辭人之賦麗以淫，皆因有「大體」可依。那麼「大體」內容為何？《箚記‧詮賦》篇又云：「今之作者，亦惟取法摯劉之言，以合六義之旨斯可矣。」由此可見，黃侃所理解的「大體」，就是以「合六義」為旨。所謂「六義」，若不深究，可能會與「詩六義」混淆。但是黃侃又言：「古詩之賦，以情義為主，以事類為佐；今之賦，以事形為主，以義正為助。情義為主，則言省而文有例矣，事形為本，則言當而辭無常矣」（《箚記‧詮賦》）。可見，黃氏所謂「六義」，實為劉勰在《宗經》篇所提出的「六義」：「一則情深而不詭，二則風清而不雜，三則事信而不誕，四則義貞而不回，五則體約而不蕪，六則文麗而不淫。」合「六義」之「大體」是對一切文章風格的總體要求，而具體到某類風格，則須「因情而立體」。因此黃侃以通變的觀點來詮釋了「大體」與「八體」的關係。《箚記‧辨騷》篇云：

> 魯人之譏臧孫，鄭人之誦子產，其結言位句，與三百篇固已小殊，
>
> 而大體無別。是知詩句有時而變通，詩體相承而無革。

時代變遷，文辭章句必然改變，然而六義之旨卻無法改變。「詩體有時而變遷，詩道無時而可易。」（《箚記‧明詩》）對於作者個人風格，其詮釋亦為通脫。《箚記‧體性》篇在「八體屢遷」條評道：

> 此語甚為明憭。人之為文，難拘一體，非謂工為典雅者，遂不能為
>
> 新奇，能為精約者，遂不能為繁縟。

八體之異，不僅在於不同時代不同作家的差異，更在於同一時代同一作家的「不拘一體」。

（二）定勢之「勢」

　　除「體」之外，《箚記》論文章風格的另一重要概念就是「勢」。所不同

〔註33〕　周勛初：《黃季剛先生〈文心雕龍箚記〉的學術淵源》，《文學遺產》1987年第1期。

的是,「體」指作家個人風格,「勢」指總體風格;個人風格主要由作者之「性」決定,總體風格則取決於多方面的因素。

黃侃首先從文字考證出發對「勢」的內涵作出了解釋。《箚記·定勢》篇云:

> 《考工記》曰:「審曲面勢。」鄭司農以爲審察五材曲直、方面、形勢之宜。是以曲、面、勢爲三,於詞不順。蓋匠人置槷以縣(按:縣爲懸),其形如柱,傳之平地,其長八尺以測日景,故勢當爲槷,槷者之臬假借。《說文》:「臬,射埻的也。」其字通作藝。《上林賦》:「弦矢分,藝殪僕。」是也。本爲射的,以其端正有法度,則引申爲凡法度之稱。

這就把「勢」訓爲「槷」,而「槷」爲古代插在地上測日影的標杆,「槷」通「藝」,故「勢」引申爲法度。《范注》《定勢》篇注二給予了肯定:「勢者,標準也,審察題旨,知當用何種體製作標準。標準既定,則意有取捨,辭有簡擇,及其成文,止有體而無所謂勢也。」〔註34〕《箚記》和范注將「勢」解釋爲「法度」、「標準」,主要是依據文字學的考證,似脫離了文本語境,很難成立。〔註35〕

實際上,黃侃以「法度」釋「勢」,並不是簡單的文字考證,其意在說明「形勢」與「氣勢」有別。而從《箚記·定勢》全篇來看,闡明「形勢」與「氣勢」旨在言明「文勢」之義。《周禮·考工記》云:「審曲面勢,以飭五材,以辨民器,謂之百工。」這個「勢」即建築或器物表現出來的某種具體形態。黃侃取其「形勢」之義,「言形勢者,原於臬之測遠近,視朝夕,苟無其形,則臬無所加,是故勢不得離形而成用。」顯然,「形勢」如臬之用,無臬則不知測之遠近,無形則不知勢之爲何。而「言氣勢者,原於用臬者之辨趣向(按:趣向即趨向),決從違,苟無其臬,則無所奉以爲準,是故氣勢亦不得離形而獨立。」「氣勢」如「臬之辨趣向」,無臬則趣向不明,趣向不明則氣勢無從彰顯。由此,黃侃指出「文之有勢,蓋兼二者而用之」。(《箚記·定勢》)所以說,黃侃舉臬喻勢,並不是說臬之本身,而是針對「文勢」提出的。在舉臬喻勢之後,黃侃又指出:

> 古今言文勢者,提封有三焉:其一以爲文之有勢,取其盛壯,若飄風之旋,奔馬之馳,長江大河之傾注,此專標慷慨以爲勢,然不能

〔註34〕 范文瀾:《文心雕龍注》(下),人民文學出版社 1958 年版,第 534 頁。
〔註35〕 童慶炳:《〈文心雕龍〉「循體成勢」說》,《河北學刊》2008 年第 3 期。

盡文而有之。其次以為勢有紆急，有剛柔，有陰陽相背，此與徒崇慷慨者異撰矣。然執一而不通，則謂既受成形，不可變革；為春溫者，必不能為秋肅，近強陽者，必不能為慘陰。

在黃侃看來，慷慨之文，雖以氣勢奪人，卻不能展現文章風格的多樣性，不可避免地呆滯單一；「執一而不通」之文，更是偏重於一種風格，描繪春之柔媚者，必不能抒寫秋之蕭瑟，用筆擅於陽剛者，必不能為陰柔。於是「取往世之文，分其條品，曰：此陽也，彼陰也，此純剛而彼略柔也。」以此論文，必使文之勢拘限於一端而缺乏變化。黃侃不贊成文勢如此，而欣賞文有紆回起伏、有剛有柔、有陰陽嚮背之勢。這與劉勰所言「勢有剛柔，不必壯言慷慨乃稱勢」之旨相類。「范注」《定勢》開篇就批評了兩種「體勢」說：「所謂勢者，既非故作慷慨，叫囂示雄，亦非強事低回，舒緩取姿。」〔註36〕《箚記・定勢》篇「並總群勢，奇正雖反，必兼解以俱通；剛柔雖殊，必隨時而適用」條評道：「此明言叠用柔剛，勢必加以銓別，相其所宜，既非執一而鮮通，亦非雜用而不次。」剛柔叠用，不拘一格，但要使文章總體風格統一，才會有序而不駁雜。

《文心雕龍・定勢》篇云：「夫情致異區，文變殊術，莫不因情立體，即體成勢也。」劉勰在此提出了「情——體——勢」的創作原則：情是受到外物的觸發而產生的，情因物興；體則是循情而立的「因情以位體」；勢則又是隨體而成，「即體成勢」，即所謂：「圓者規體，則勢也自轉；方者矩形，其勢也自安。文章體勢，如斯而已。」可見，「勢」是由「體」來決定的，文章的「體」與「勢」的關係也是如此。優秀的作家應具備「括囊雜體，功在銓別」的能力，要兼長各種體裁，也要善於辨別其間的差異，做到「隨勢各配」。黃侃細覽《定勢》全文，劉勰雖名曰「定勢」，「而篇中所言，則皆言勢之無定也」。進而逐一分析，勢之無定，不是無法確定，而是不可自定。他從劉勰所言「因情立體，即體成勢」入手，卻不談「體」與「勢」之相依相存，而言「明勢不自成，隨體而成也」，進而針對「機發矢直，澗曲湍回，自然之趣也」、「激水不漪，槁木無陰，自然之勢也」，而明言「明體以定勢，離體定勢，雖玄宰哲匠有所不能也」。以此表明，勢不能自定，卻依體而定。又言「循體成勢，隨變立功」乃「明文無定勢，不可一執也」。勢要隨體之變化而有所不一，不可定勢以束體，亦不可體變而勢拘於一端。儻若拘於一定之勢，來駕馭無

〔註36〕范文瀾：《文心雕龍注》（下），人民文學出版社 1958 年版，第 532 頁。

窮變化之體，則一如把水定型再去找合適的器皿。莫若水隨器皿，盤圓則圓，盂方則方。「勢」從來就是靈活無定的，「勢不自定，隨體而定」，這才是深諳文理之道。但又不可片面追求「勢」之多變，若不解「勢」變之根基爲何，無非空言文勢，拘執於虛名而不知其理。最後黃侃總結云：「一言蔽之曰，體勢相須而已。」而「體勢相須」的最根本原則還是循自然：

> 爲文定勢，一切率乎文體之自然，而不可橫雜以成見也。惟彥和深明勢之隨體，故一篇之中，數言自然，而設譬於織綜之因於本地，善言文事者，孰有過於彥和者也。若乃拘一定之勢，馭無窮之體，在彥和時則有厭黷舊式，顛倒文句者；其候數百年，則有礫裂章句，隳廢聲均者，彼皆非所明而明之，知文勢之說者所不予也。要之文有坦途而無門戶，彼矜言文勢，拘執虛名，而不究實義，以出於己爲是，以守舊爲非者，盍亦研撢彥和之說哉。

在此，黃侃十分稱賞劉勰的自然定勢說，對齊梁時期「厭黷舊式，顛倒文句者」進行了批判，並著重批判了以桐城派爲代表的古文理論。他認爲「礫裂章句，隳廢聲均者」與自然文勢說相悖，而「矜言文勢，拘執虛名」者更有必要「研撢彥和之說」。

劉勰論風格是多篇並述，以《體性》、《定勢》爲主，以《時序》、《才略》、《通變》爲輔，全面論述了文章風格形成的主客觀因素。在《箚記》中，黃侃雖分別探究了「體」與「勢」，也提出了「體勢相須」的觀點，但黃侃論體詮勢並未與其他篇章參閱，也未言明風格形成的原因。概而言之，《箚記》「位體定勢」論拘泥於《文心雕龍》個別篇章，未能形成系統的風格論。

四、解讀隱秀

黃侃「平生瓣香彥和《文心》，尤多創解，嘗以教授及門諸子，撰《文心雕龍箚記》行於世。又以《隱秀》一篇，元已亡佚，遂爲補撰，文出傳誦殆遍。」〔註37〕黃侃作《隱秀》補文，一方面認爲「補亡之文，出辭膚淺，無所甄明」，「用字之庸雜，舉證之闊疏，又不足誚也」，基本贊同紀昀的觀點；〔註38〕另一方面又指出「隱秀之義，詮明極艱，彥和既立專篇，可知於文苑

〔註37〕 徐復：《徐復語言文字論稿》，江蘇教育出版社1996年版，第241頁、第259頁。

〔註38〕 《文心雕龍·隱秀》篇傳至元代，絕大多數版本缺失四百餘字。從現存《文

爲最要」，所以才有必要「仰窺劉旨，旁緝舊聞，作此一篇，以備搴采」。由此可見，黃侃補《隱秀》之文目的有二：其一是《隱秀》於《文心雕龍》整體意義重大，於文苑也極爲重要，一旦缺失遂有「篇簡俄空，微言遂閟」的感覺，然已有補文實在不敢恭維，所以作此一篇。其二是「隱秀」之義，精深難解，但實際上黃侃也沒有正面做出解釋，而是採取補文的形式在字裏行間表明他的隱秀觀。

（一）黃侃《隱秀》篇補文讀解

　　黃侃說其補文是「仰窺劉旨」，的確，黃侃的這篇補文，無論是行文體制還是文論思想，與《文心雕龍》是「貌合神也合」。

　　其一，《隱秀》篇補文在行文體制上與《文心雕龍》其他篇章相似。《文心雕龍》的創作論部分基本都遵循著這樣的論述思路：先用對偶的句式解釋所論範疇的含義，接著指出該範疇與其他範疇的聯繫，再從儒家經典開始列舉歷代作家作品來說明所論範疇的特徵，最終還是歸結到文學創作上。黃侃《隱秀》篇補義也大體如此：先用一系列對偶的句子分別解釋隱、秀的含義，得出「情在詞外曰隱，狀溢目前曰秀」的結論，接著分別論述了隱秀與另外兩個範疇的關係，指出「隱秀之原，存乎神思」，強調「妙合自然，則隱秀之美易致，假於潤色，則隱秀之實已乖」。接下來分別從隱和秀兩方面舉例說明。最後仍然歸結到創作論：「隱秀之篇，可以自然求，難以人力致。」

心雕龍》最早的刻本——元至正十五年（1355 年）本，到明萬曆三十七年（1609年）以前的各種刊本，都沒有「始正而末奇」到「朔風動秋草」的「朔」字的一段文字。直至明末（1614 年）錢功甫得阮華山宋本，才抄補了這四百餘字。現存補有這四百字的最早刻本是明末天啓二年（1622 年）梅慶生第六次校定本。後因黃叔琳本也補入了這四百字，補文才得以廣泛流傳。最早對補文提出質疑的是紀昀。他在《四庫全書總目提要》卷一九五《文心雕龍》條提要中提出《隱秀》篇補文爲僞作的理由有三：第一，其書晚出，別無顯證；第二，其詞不類，疑有所本；第三，考之「大典」，亦有闕文。其後，黃侃、范文瀾、劉永濟、楊明照諸家，都斷定其爲僞作。但詹瑛在《文心雕龍的風格學》中進行了詳細的版本和理論考證，證明補文爲原作，而張戒引言屬原作遺漏。詹瑛的考證嚴謹細緻，但對於張戒引言眞僞考察尚嫌不足。對此不足，周汝昌指出，張戒《歲寒堂詩話》中「情在詞外曰隱，狀溢目前曰秀」，「引劉勰語只是轉述大意，並非抄錄原文」。陳良運也認爲引文絕非「眞《隱秀》篇之文」，是張戒錯誤地「撮述」。筆者以爲，關於《隱秀》篇補文眞僞問題，還有待於進一步考證研究。嚴格意義上說，黃侃補文不能算作《隱秀》篇《箚記》。《箚記》中華書局黃侃文集本注云：「此篇並非《隱秀》篇之箚記，而是補今本之闕。」

其二，劉勰論文，習慣於重複前文已經出現的文字，聯繫前文已經闡述的思想，這一點在黃侃補文中也有明顯的體現。如補文有這樣一段文字：

> 然《易經》有言中事隱之文，《左氏》名微顯志晦之例，《禮》有舉輕以包重，《詩》有陳古以刺今。

這些文字不僅來自《宗經》篇，而且集中體現了彥和的宗經思想。

補文又云：

> 然隱秀之原，存乎神思，意有所寄，言所不追，理具文中，神餘象外，則隱生焉；意有所重，明以單辭，超越常音，獨標苕穎，則秀生焉。此皆功存玄解，契定機先，非塗附之功，非雕染之事，若意本淺露，語本平庸，出之以廋辭，加之以華色，此乃蒙羊質以虎皮，刻無鹽為西子，非無彪炳之文，粉黛之飾，言尋本質，則偽迹章（彰）明矣。

黃侃在這裡再次申述了其「神思」為創作論總綱的思想，而且符合彥和「篇隱句秀」的觀點。

黃侃的《隱秀》篇補文與《文心雕龍》總體風格相似，不僅僅在於文章體制和行文習慣層面，更在於文論思想的契合。較之流行的原殘篇，黃侃所作補文闡述得更明確深刻，其貢獻有三：一是進一步明確了隱與秀的含義。《文心雕龍》殘篇云：「隱也者，文外之重旨也；秀也者，篇中之獨拔者也。」是說文意含蓄為隱，辭句精警為秀。而這一定義語亦較含蓄。其實，嵇康贈別其兄詩云：「目送飛鴻，手揮五弦」，業已喻隱；陸機《文賦》「立片言以居要，乃一篇之警策」，已論及秀。黃侃在前人論述的基礎上指出了隱、秀各自的含義。「隱」主要有兩層意思：一是強調作品要有「重旨」、「復意」，就是說，除了文字表面的一層意思外，還要有另一層更深的含義，這另一重含義像秘密的聲響、暗伏的光彩那樣隱藏著。二是強調「文外」，即文外的重旨、復意，不浮露於文章表面，也就是說，文意不是採取直白、彰明昭著的手法表達出來，而是以「旁」、「潛」的方式，即曲折隱藏的方式表達出來。秀主要指脫穎而出、優異出眾，形容作品裏的精警之處，與其他部分相比而顯得十分突出。所謂隱和後來講的「含蓄」意義相近，但不完全等同。黃侃所說的「隱」，要有「文外之重旨」，「義生文外」，這和「意在言外」相似。但隱不僅要有言外之意，更重要的還在「隱以復意為工」，就是要求所寫事物具有豐富的含義，這和古代「辭約旨豐」、「言近意遠」之類範疇相似。因此，「隱」也就不是含蓄美所能概括的了。此外，劉勰主張的隱，不衹是對作品內容的要求，也包括對形式方面的要求：「伏采潛

發」、必須「深文」和「隱蔚」密切結合起來，才能產生餘味無窮以至光照文苑的藝術效果。黃侃所謂的「秀」主要是「篇中之獨拔」的文句，基本上承陸機「一篇之警策」的說法而來，但不僅僅指「圖貌山川，摹寫物色」的景語，那些精警動人的「敘事敘情」之作同樣屬於秀句。「這就把『壯溢目前曰秀』的內涵拓展了，而且符合詩史之實際」。〔註39〕無論隱和秀，黃侃都主張「自然會妙」，反對「晦澀為深」、「雕削取巧」。這和《文心雕龍》全書的一貫主張是一致的。不僅如此，黃侃還明確了二者的關係：「言含餘意，則謂之隱，意資要言，則謂之秀。」「言含餘意」是說意必隨辭；「意資要言」是說言不離意。二者相合，方能「意存言表，婉而成章」。

　　二是進一步辨正隱秀的真偽。《文心雕龍》殘篇已云：「晦塞為深，雖奧非隱；雕削取巧，雖美非秀。」《箚記》繼而闡明：「若義有闕略，詞有省減，或遷其言說，或晦其訓故，無當於隱也，若故作才語，弄其筆端，以纖巧為能，以刻飾為務，非所云秀也。」這是說，隱不是晦澀，不是朦朧；秀不是雕琢，不是取巧。二者都不可刻意強求，若意本淺露，語本平庸，卻偏飾粉黛，故作玄妙，那就好比羊身上蒙虎皮，扮醜女為西施，都是雕染造作，不合自然。從自然中和的觀點來看，「妙合自然，則隱秀之美易致；」從反本循實的原則來看，「假於潤色，則隱秀之實已乖。」只有符合自然、貴折衷的文辭才能稱之為隱秀。對此，「范注」也有精彩論斷：「隱秀之於文，猶嵐翠之於山，秀句之自然得之，不可強而至，隱句亦自然得之，不可搖曳而成。此本文章之妙境，學問至，自能偶遇，非可假力於做作。」〔註40〕

　　三是分析隱秀的產生。《文心雕龍》殘篇云：「並思合而自逢，非研慮之所求」，排斥作者的研慮作用，給隱秀籠上神秘色彩。黃侃則認為隱與秀都是在構思活動中產生的，是為了表達適當的文意而精思馭篇，窮幽洞微得到的：「隱秀之原，存乎神思。意有所寄，言所不追，理具文中，神餘象表，則隱生焉；意有所重，阻以單辭，超越常音，獨標酋穎，則秀生焉。」這一論述深刻揭示了形成隱秀的思維活動過程。情意有所寄託，直言難以描述，往往寓意致曲，通過含蓄藏情的形象來表示；感情有所側重，就不可能平均用力，必然通過精心構思，捕捉那最能表達心意的辭句，把濃縮的情意傾訴於其間，也就形成了隱秀之美。

〔註39〕張少康等：《文心雕龍研究史》，北京大學出版社 2001 年版，第 156 頁。
〔註40〕范文瀾：《文心雕龍注》（下），人民文學出版社 1958 年版，第 633 頁。

　　黃侃認爲，「妙合自然」的隱秀之美是可以通過學習、煉意，「因宜適變」來達到，「古來隱秀之作，誰云其不可繼哉？」劉勰論隱秀之後，唐代詩文中不乏隱秀之作，如李商隱《無題》詩就是含隱秀之美的作品。黃侃云：「案義山《無題》詩，十九皆爲寄意之作。既云無題，則當時必有深隱之意，不能直陳者。此在讀者以意逆志，會心處正在遠也。必概目爲豔語，其失則拘；一一求其時地，其失則鑿。」〔註41〕這正是運用他的隱秀說解釋文學作品的範例。

　　由此可見，黃侃補文在風格上類似於《文心雕龍》，對隱秀的闡釋也基本契合彥和原意。但補文畢竟不是原文，與其說黃侃的補文如何的完美無缺，倒不如說黃侃借補文深刻闡明他的隱秀觀。

（二）「隱秀」與「風骨」

　　劉師培《論文章有生死之別》一文中有這樣一段話：

> 剛者以風格勁氣爲上，柔以隱秀爲勝。凡偏於剛而無勁氣風格，偏
> 於柔而不能隱秀者皆死也。〔註42〕

這句話很有見地，它實際上是將劉勰的剛柔美學思想作了這樣的概括：一方面指出風骨（即他所說的「風格勁氣」）與隱秀是兩個相對立的美學範疇，另一方面也認爲作品風格中的剛與柔分別對應風骨和隱秀。將隱秀與風骨視爲兩種相對立的風格，在「龍學」界比較流行。詹鍈認爲：「『風骨』和『隱秀』是對立的兩種風格，一偏於剛，一偏於柔。」〔註43〕羅根澤也認爲：「風骨是文字以內的風格，至文字而外者或者說是溢於文字的風格，劉勰非凡提倡隱秀。」〔註44〕但有一點必須注意，劉師培和詹鍈都是從明人補《隱秀》之文入手闡釋隱秀的，那麼，自撰《隱秀》篇的黃侃是不是也將隱秀視爲與風骨相對立的一種風格呢？這首先必須從黃侃的風骨論談起。

　　黃叔琳認爲：「氣即風骨之本。」紀昀批：「氣即風骨更無本末；此評未是。」黃侃論風骨，正是針對黃、紀風骨論的凌虛之態而言的，故著眼於用「意」和「辭」來詮釋其實質：

〔註41〕 黃侃：《李義山詩偶評》，見黃侃：《文心雕龍箚記》，中華書局 2006 年版，第 321 頁。
〔註42〕 劉師培：《中國中古文學史講義》，上海世紀出版集團 2006 年版，第 121 頁。
〔註43〕 詹鍈：《文心雕龍的風格學》，人民文學出版社 1982 年版，第 95 頁。
〔註44〕 羅根澤：《中國文學批判史》，中華書局 1958 年版，第 234 頁。

　　　文之有意，所以宣達思理，綱維全篇，譬之於物，則猶風也。文之
　　　有辭，所以攄寫中懷，顯明條貫，譬之於物，則猶骨也。必知風即
　　　文意，骨即文辭，然後不蹈空虛之弊。或者捨意辭而別求風骨，言
　　　之愈高，即之愈渺，彥和本意不如此也。

他將「文之意」比作「風」，「文之辭」比作「骨」，如此落實於意和辭上，然
後才能不蹈空虛之弊。「捨辭意而別求風骨」，只會「言之愈高，即之愈妙。」
在黃侃眼裏，風骨衹是所比之名，辭意才是所比之實，如果捨棄意與辭而別
求風骨，就會捨棄其實而求其名，最後如海市蜃樓、鏡中之花，可望而不可
及，可言而不可用。「綜覽劉氏之論，風骨與意辭，初非有二。然則察前文者，
欲求其風骨，不能捨意與辭也，自爲文者，欲健其風骨，不能無注意於命意
與修辭也。」（《箚記‧風骨》）黃侃不但把風骨與意辭相連，而且明確欲求風
骨就要精於「命意修辭」。「以具體的詞語和實際的內容直接闡述『風骨』的
含義，強調以務實的態度對待『風骨』的理論探索，這是自黃季剛先生開始
的。」〔註45〕

　　爲明確風骨即意辭，黃侃指出劉氏之「健風骨」就是「煉辭意」，「治文
氣以運思爲要，植文骨以修辭爲要」，即以「命意修辭」爲本。具體而言，則
是要「熔鑄經典之範，翔集子史之術，洞曉情變，曲昭文體，然後孚甲新意，
雕畫奇辭。昭體，故意新而不亂，曉變，故辭奇而不黷。明命意修辭，皆有
法式，合於法式者，以新爲美，不合法式者，以新爲病。」風骨無形，辭意
有實。講求命意修辭之術，才可「治文氣」、「植文骨」，才能有所創新而不紊
亂。因爲「氣不能自顯，情顯則氣具其中，骨不能獨章，辭章則骨在其中。」
況且「情顯爲風深之符，思周乃氣足之證，彼捨情思而空言文氣者，蕩蕩如
係風捕景，烏可得哉？」（《箚記‧風骨》）依黃侃之見，離開深厚的情感和嚴
密的思考，而空談風與骨，則有如風中捕捉影，不能攝取實質。在此，黃侃
把風與骨具體化了，「非弄虛響以爲風，結奇辭以爲骨。」而欲美其風骨，惟
有致力於「命意修辭」。

　　從以上對風骨的分析可以看出，黃侃論風骨是從「爲文之術」的角度出
發的，明確「言外無風，意外無骨」，即離開意與辭，則無法談風骨。若要「健
風骨」，就必須「煉意辭」。所以說，黃侃並沒有從風格學的角度對風骨一詞

〔註45〕涂光社：《〈文心雕龍‧風骨〉篇簡論》，見中國《文心雕龍》學會選編《文心
　　　　雕龍研究論文集》，人民文學出版社 1990 年版，第 590 頁。

做出闡釋，他甚至沒有提出完整的風骨定義，衹是分別從「風即文辭，骨即文意」兩方面進行了框定。現在的問題是，黃侃論風骨是從「爲文之術」的角度出發的，那麼，他在補文中論隱秀的立足點又是什麼呢？

　　細讀黃侃補《隱秀》之文，我們可以發現，黃侃所說的隱秀也不完全是一個風格學上的概念，它也立足於文學創作，他說：

> 然隱秀之原，存乎神思，意有所寄，言所不追，理具文中，神餘象外，則隱生焉；意有所重，明以單辭，超越常音，獨標苕穎，則秀生焉。此皆功存玄解，契定機先，非塗附之功，非雕染之事，若意本淺露，語本平庸，出之以廋辭，加之以華色，此乃蒙羊質以虎皮，刻無鹽爲西子，非無彪炳之文，粉黛之飾，言尋本質，則僞迹章（彰）明矣。故知妙合自然，則隱秀之美易致，假於潤色，則隱秀之實已乖。

由此可見，黃侃都沒有將風骨和隱秀視爲風格範疇，更未將其視爲對立的兩種風格，這與他的老師劉師培有很大的區別。雖然風骨和隱秀本身有風格層面的意義，但在《劄記》中，黃侃論證的角度都是「爲文之術」，強調「綴文之士」應該以「健風骨」、「致隱秀」爲目標。

　　不過，我們仍然可以從黃侃的論述中察覺出其風骨論和隱秀論的某些共通之處。其一，無論是論風骨，還是論隱秀都是分而論之，並沒有一個整體上的界定，究竟風骨之美、隱秀之義爲何，黃侃都沒有明說，只能在一些例證中體會，如「斲輪自辨其疾徐，伊摯自輸其甘噱，古來隱秀之作，誰云其可復繼哉？」大概是說，隱秀之美的特徵就是不疾不徐、不甘不噱。其二，黃侃論風骨和隱秀都是從「辭」和「意」兩方面著眼。其論風骨曰：「風即文意，骨即文辭」，「然則察前文者，欲求其風骨，不能捨意與辭也，自爲文者，欲健其風骨，不能無注意於命意與修辭也。」其論隱秀曰：「言含餘意，則謂之隱，意宜資要，則謂之秀」，「然則隱以復義爲工，而纖旨存乎文外，秀以卓絕爲巧，而精語峙乎篇中。」其三，與注重「意」與「辭」相對應的是，黃侃論風骨和隱秀都注重「言外之意」。他論風骨重視「味在鹹酸之外」，不僅僅囿於意辭之實，更在意辭之外。論隱秀云「隱以復義爲工，而纖旨存乎文外，秀以卓絕爲巧，而精語峙乎篇中」，「蓋言不盡意，必含餘意以成巧，意不稱物，宜資要言以助明」。

　　概而言之，黃侃的隱主要指文意之含蓄，秀類似於篇中之警句，並無「陰柔」之義。他的隱秀不是與風骨相對立的一個風格學意義上的範疇，而是與

彥和以前的「言外之意」論和以後的「意境」論相似。他論風骨和隱秀都是從「意」與「辭」著手，這反映了他論文以「命意修辭」爲本觀點，也可見出其從「爲文之術」的角度闡釋《文心雕龍》的初衷。

五、簡評校注

從學術淵源看，黃侃服膺乾嘉漢學；從師承關係看，黃侃師事樸學大師章太炎。樸學家治學崇尚實事求是，擅長文字訓詁、辨析古義。黃侃在評騭《文心雕龍》時，對原文字句明顯舛訛不通之處隨手作了校正，對疑難語句也作了注解。

先看校勘。《劄記》共計 24 校，其中多爲理校，由於黃侃對《文心雕龍》義理的深刻瞭解，加之深厚的小學功底，所以有些價值很大，其中大部分爲後世學者所襲用。例如《劄記·練字》篇「字靡異流」條云：「『異』當作『易』。」范文瀾和楊明照都承繼此說。又如《劄記·比興》篇「如川之澳」條云：「『澳』字失韻，當作『澹』，字形相近而誤。澹澹，水貌也。」「范注」全條轉引。再如《劄記·定勢》篇「陸雲自稱往日論文，先辭而後情，尚勢而不取悅澤」條云：「『尚勢』，今本《陸士龍集》作『尚潔』，蓋草書『勢』『潔』形近，初訛爲『挈』，又訛爲『潔』。」「范注」《定勢》篇注十五先引陸雲《與兄平原書》原文，後又轉錄《劄記》原文，指出「勢」確爲「潔」之訛。〔註46〕

再看注釋。《劄記》的注釋在內容上很豐富，包括補苴黃叔琳注、引用前人注釋以及對《文心雕龍》的注釋，主要是對疑難語句的考據訓詁和義理闡釋，約有 220 條。

黃侃作《劄記》的動機之一就是補苴黃注。《題辭及略例》云：「《文心》舊有黃注，其書大抵成於賓客之手，故紕繆弘多，所引書往往爲今世所無，展轉取載爲不著其出處，此是大病。今於黃注遺脫處偶加補苴，亦不能一一徵舉也。」《劄記》共有 9 處補苴黃注，大體可分兩類。一類是黃注對《文心雕龍》徵引作品的出處標明錯誤，《劄記》作了修正。如《劄記·明詩》篇「仙詩緩歌」條云：「黃引《同聲歌》當之，紀氏譏之，是也。」又如《劄記·議對》篇「司馬芝之議貨錢」條云：「黃注引《司馬芝傳》，今傳無其文，蓋妄引也。」另一類是黃注對《文心雕龍》語句的解釋有誤，《劄記》明確指出。

〔註46〕范文瀾：《文心雕龍注》（下），人民文學出版社 1958 年版，第 535 頁。

如《劄記‧總術》篇「視之則錦繪……」條云：「此頌文之至工者，猶《文賦》末段所云配金石流管弦耳。黃氏評四者兼之爲難，直是囈語。」

　　《劄記》引用孫詒讓 5 條《札迻》，引用李詳 18 條補注。對於這些校注，《劄記》褒貶不一。例如：

　　　　《原道》篇「剬詩緝頌」條：「李說是也。」

　　　　《聲律》篇「南郭之吹竽」條：「孫云：『《新論‧審名》篇：東郭吹
　　　　竽而不知音。』……自以孫說爲長。」

　　　　《總術》篇：「李詳云：彥和言文筆別目兩名自近代，而顏延之以爲
　　　　筆之爲體，言之文也。」「謹案：李氏之引《文心》，不達章句。」

值得一提的是黃侃與李詳。據《黃侃日記》載，黃侃與李詳曾有過一面之緣，〔註 47〕而且他們的學術趣味頗爲接近：他們都服膺清代學者汪中，都對《文選》、《文心雕龍》頗有研究，黃侃著有《文選平點》，李詳著有《文選拾瀋》。

　　在《劄記》中，除劉勰外，黃侃提到次數最多的人是紀昀，引用和評價最多的是《紀評》。黃侃對《紀評》之評論，主要可分爲兩項。一是對紀氏眉批展開議論，例如：

　　　　《徵聖》篇題解：「紀氏謂爲裝點門面，不悟宣尼贊《易》、序詩、
　　　　製作《春秋》，所以繼往開來，唯文是賴」。

　　　　《書記》篇題解：「彥和謂書記廣大，衣被事體，筆劄雜記，古今多
　　　　品，是眞能悉文章之原者。紀氏乃欲刪其繁文，是則有意狹小文辭
　　　　之封域，烏足與舍人之妙誼哉。」

　　　　《體性》篇題解：「紀氏謂不必皆禍，不悟因文見人，非必視其義理
　　　　之當否，須綜其意言氣韻而察之也。」

其中最典型的當屬《聲律》篇。《紀評》云：「即沈休文《與陸厥書》而暢之，後世近體遂從此定制，齊梁文格卑靡，獨此學獨有千古，鍾記室以私憾排之，未爲公論也。」〔註 48〕對此，黃侃以爲：「紀氏蓋以聲韻之學與聲律之文並爲一談，因以獻諛於劉氏。」

　　二是《劄記》對《紀評》中的一些校勘、注釋也進行了批評，例如：

　　　　《書記》「繞朝贈士會以策」條：「而紀氏乃云杜氏誤解爲書策，毋

〔註47〕黃侃：《黃侃日記》（上），中華書局 2007 年版，第 265 頁。
〔註48〕紀曉嵐：《紀曉嵐評文心雕龍》，江蘇廣陵古籍刻印社 1997 年版，第 287 頁。

亦勞於攻杜，而逸於檢書乎！」

《總術》「若筆不言文」條：「『不』字爲『爲』字之誤。紀氏以此一
字未憭，而引郭象注《莊》之語以自慰，覽古者宜如是耶？」

當然，黃侃對《紀評》也不是一味地批判，在有些地方也給予了很高的評價，
例如：

《辨騷》篇題解：「《楚辭》是賦，不可別名爲騷。《離騷》二字，亦
不可截去一字。紀評至諦」。

《風骨》「風骨之采」條：「風骨之采，是陪筆開闔以盡意，紀評是
也。」

黃侃在《題詞及略例》中列舉了前代「龍學」研究的著作，但沒有提到《紀
評》；相反，在正文中又多次引用，而且多爲反面材料，這本身就是一個值得
探討的話題。

除了補苴黃注和襲用前人注釋以外，《箚記》更多的是黃侃自己的注解。
這些注釋大體可分爲三類：第一類是標明《文心雕龍》徵引作品存佚等情況。
如《箚記・頌贊》篇「班傅之北征西巡」條云：「班有《竇將軍北征頌》、《東
巡頌》、《南巡頌》；傅有《竇將軍北征頌》、《西征頌》。班之《北征頌》在《古
文苑》。」不僅標明劉勰所舉作品篇名，更指出其保存情況。又如《箚記・頌
贊》篇「景純注雅」條云：「案景純《爾雅圖贊》，《隋志》已亡，嚴氏可均輯
錄得四十八篇。」

第二類是對一些疑難詞語考據訓詁。如《箚記・原道》篇「肇自太極」
條對「太極」一詞的解釋：「《易・繫辭上》韓注曰：『太極者，無稱之稱，不
可得而名，取有之所極況之太極者也。』據韓義，則所謂形氣未分以前爲太
極，而眾理之歸，言思俱斷，亦曰太極，非陳搏半明半昧之太極圖。」又如
《箚記・宗經》篇「詁訓同書」條云：「《詩疏》曰：『毛以《爾雅》之作，多
爲釋《詩》，而篇有《釋詁》、《釋訓》，故以雅訓而爲《詩》立傳。』據此，
則詩亦須通古今語而可知，故曰詁訓同書。」

第三類是對一些文論術語、經典語句的義理闡釋。在這一類注釋中，黃
侃主要運用了三種方法：「原文互釋」、「引文注釋」和「直接解釋」。〔註49〕
其一，「原文互釋」，即用《文心雕龍》之語解釋《文心雕龍》之義。《文心雕

〔註49〕 李平：《〈文心雕龍〉研究史上的一座里程碑——范文瀾〈文心雕龍注〉研究》，
見《文心雕龍綜論》，中國文聯出版社1999年版，第195頁。

龍》前後文之間常有互相發明之處，黃侃抓住這些相互發明的詞語進行釋義，不僅可以節省筆墨，而且還能揭示前後文之間的關係，幫助讀者從整體上理解文義。例如《箚記・序志》篇「古來文章，以雕縟成體」條云：「此與後章『文繡鞶帨，離本彌甚』之說，似有差違，實則彥和之意，以爲文章本貴修飾，特去甚去泰耳。全書皆此旨。」此注不僅澄清了矛盾，更點明了全書主旨。其二，「引文注釋」，即是引用成文話語進行義理闡釋，有時黃侃嫌引文釋義不夠通俗全面，就稍加案語，以助釋義。如《箚記・比興》篇「比者附也，興者起也」條先引「先鄭」「後鄭」語云：「《周禮・大師》先鄭注曰：『比者，比方於物也。興者，託事於物也。』後鄭注曰：『比，見今得失，不敢斥言，取比類以言之。興，見今之美，嫌於媚諛，取善事以喻勸之』。」黃侃加案語曰：「案後鄭以善惡分比興，不如先鄭注誼之確。且牆茨之言，《毛傳》亦目爲興，焉見以惡類惡，即爲比乎。」接著又引《詩品》云：「文以盡而意有餘，興也；因物喻志，比也。」對此，黃侃又加案語曰：「其解比興，又與詁訓乖殊。」最後黃侃指出了彥和比興論的過人之處：「彥和辨比興之分，最爲明晰。一曰起情與附理，二曰斥言與環譬，介畫憭然，妙得先鄭之意矣。」其三，「直接解釋」，即是完全用自己的話直接解釋詞義，分析詞語之間的內在聯繫。此法在《箚記》中應用最廣。如《箚記・總術》篇「思無定契，理有恒存」條云：「八字最要。不知思無定契，則謂文有定格，不知理有恒存，則謂文可妄爲，救此二流，咎惟舍人矣。」又如《箚記・通變》篇「齷齪於偏解，矜激於一致」條云：「彥和此言，爲時人而發，後世有人高談宗派，壟斷文林，據其私心以爲文章之要止此，合之則是，不合則非，雖士衡、蔚宗，不免攻擊，此亦彥和所譏也。」

應該說，黃侃校勘注釋的態度是很謹嚴的，以上諸例可資佐證。還須提及的是，這種謹嚴的精神從他存疑的條目中亦可見出，例如：

《書記》「陳遵禰衡」條：「辭並無考」。「崔實奏記於公府」條：「今無所考。」

《指瑕》「左思七諷」條：「今無考。」「賞際奇至撫叩酬即」條：「今不知所出。」

《序志》「公幹」條：「劉楨論文之言，今無考。」「吉甫」條：「應貞論文之言，今無考。」

對於這些疑難語詞的考釋，黃侃是知之爲知之，不知爲不知，從不妄加斷言。

這也是乾嘉樸學實事求是治學精神的張揚。

第三節　《文心雕龍箚記》的地位和價值

明人朱鬱儀評價自己校勘《文心雕龍》的成就說：「亦劉氏之忠臣，藝苑之功臣哉！」這兩句話黃侃足以當之。《箚記》在現代學術史上「不僅是彥和之功臣，尤爲我國近代文學批評之前驅」，具體表現在兩方面：其一，《箚記》擺脫了前人以「讀經之法」研究《文心雕龍》的窠臼，標誌著現代「龍學」的誕生；其二，《箚記》是傳統文論研究向現代轉型的一個承前啓後的轉捩點。

一、《文心雕龍箚記》的龍學史地位

對《文心雕龍》的研究，隋唐以前是徵引襲用的居多，宋元以後多爲版本翻刻、音注，明清至民國初年，注書評點大量湧現。這些注書評點，在方法上遵循傳統訓詁考據的老路子，在觀念上擺脫不了儒家經典的束縛，因此，它們仍屬於傳統「龍學」的範疇。1914 年黃侃將《文心雕龍》搬上大學講壇，「標誌著現代意義『龍學』的誕生」；而他爲授課撰寫的講義《箚記》，「則成爲現代『龍學』研究的奠基作」。〔註50〕

（一）現代「龍學」研究的奠基作

20 世紀初，林傳甲編寫的《中國文學史》講義中設有《劉勰文心雕龍創論文之體》一節，這可能是《文心雕龍》第一次進入大學課堂，不過其內容多沿襲紀昀的觀點。〔註51〕此後，黃侃在北京大學開設《文心雕龍》課程以及講義的撰寫，標誌了現代「龍學」的誕生。

〔註50〕李平：《20 世紀中國〈文心雕龍〉研究的回顧與反思》，見《文心雕龍綜論》，中國文聯出版社 1999 年版，第 147 頁。

〔註51〕學界一般認爲，林傳甲的《中國文學史》講義標誌了中國文學史這一學科的確立，其《劉勰文心雕龍創論文之體》一節云：「建安黃初，體裁漸備，故論文之說出焉。《典論》，其首也。其勒成一書，傳習至今者，斷自《文心雕龍》始。……其書實成於齊代，署曰梁通事舍人劉勰撰，則後人所追題也。《原道》以下二十五篇，皆論文章之體制；《神思》以下二十四篇，則論文章之工拙。」林氏的看法無甚新意，多沿襲紀昀《四庫全書總目詩文評類》小序及《文心雕龍》提要，但他專設《文心雕龍》一節，說明了近代學人對《文心雕龍》開始有了新的認識。

首先，「文辭封略」。黃侃對《文心雕龍》的闡釋，是從「文辭封略」的考釋開始的，因爲《文心雕龍》是一部論「文」之書，對「文」的概念的理解關乎《文心雕龍》性質的定位。所以有學者認爲，「近代以來日趨強烈的文學觀念辨析意識在黃侃的《箚記》中也有具體的表現，並成爲扭轉《文心雕龍》研究角度、開創《文心雕龍》研究新風氣的重要思想基礎。」〔註52〕黃侃關於「文辭封略」的看法是在折衷章太炎泛文學觀和阮元騈文觀的基礎上提出的。章太炎《文學總略》云：

> 凡云文者，包絡一切著於竹帛者而爲言，故有成句讀文，有不成句讀文，兼此二事，通謂之文。局就有句讀者，謂之文辭；諸不成句讀者，表譜之體，旁行邪上，條件相分，會計則有簿錄，算術則有演草，地圖則有名字，不足以啓人思，亦又無以增感，此不得言文辭，非不得言文也。

可見，章氏「文」的定義極爲寬泛，自有文字著於竹帛，見於記載，乃至後來出現的「不成句讀者」，都統統囊括進他所指的「文」的範圍。章氏執拗地提出「泛文學」的觀念，意在針砭阮元等人騈儷文學觀的褊狹。阮元騈文觀的理論根基有二：《易傳》中的《文言》和《文選》。對此，章太炎都一一給予駁斥。

阮元認爲「孔子以用韻比偶之法，錯綜其言，而自名曰『文』，指出自孔子贊《易》始著《文言》以來，就文必有韻，文必用偶，「何後人必欲反孔子之道，而自命曰『文』，且尊之曰『古』也？」〔註53〕阮氏因此而摒棄一切散行文字，使人誤以爲儷辭方能爲文，散體只能是筆，故遭到章太炎的駁斥：「《易》所以有《文言》者，梁武帝以爲『文王作《易》，孔子遵而修之，故曰《文言》』。非矜其采飾也。」〔註54〕認爲《文言》之「文」乃因文王而得，非文采之「文」。阮元挾六朝文筆說推尊騈文，力主「沈思翰藻乃得爲文」。章氏則指出，劉勰雖提出「有韻爲文，無韻爲筆」，但《文心雕龍》所列藝文之部，一切並包，「是則科分文筆，以存時論，故非以此爲經界也。」而《文選》雖主沈思翰藻，所選文章不錄子史，但「此爲裒次總集，自成一家，體例適然，非不易之定論也」，可見這兩者皆不足爲憑。因此章氏指出：「近世

〔註52〕張少康等：《文心雕龍研究史》，北京大學出版社2001年版，第149頁。
〔註53〕阮元：《文言說》，見《研經室集》下冊，中華書局1993年版，第606頁。
〔註54〕章太炎：《國故論衡》，上海古籍出版社2003年版，第50頁。

阮元以爲孔子贊《易》，始著《文言》，故文以藕儷爲主；又牽引文筆之說以成之。夫有韻爲文，無韻爲筆，是則駢散諸體，一切是筆非文。藉此證成，適足自陷。」〔註55〕

面對章、阮二氏針鋒相對的見解，黃侃基本採取折衷之法。首先，他指出了阮氏的不足與其師章氏的可取之處：

> 案阮氏之言，誠有見於文章之始，而不足以盡文辭之封域。本師章氏駁之，以爲《文選》乃裒次總集，體例適然，非不易之定論；又謂文筆文辭之分，皆足自陷，誠中其失矣。（《劄記·原道》）

接著，他又祖述章氏關於文辭有廣狹可弛張的說法：

> 文辭封略，本可弛張，推而廣之，則凡書以文字，著之竹帛者，皆謂之文，非獨不論有文飾與無文飾，抑且不論有句讀與無句讀，此至大之範圍也。（《劄記·原道》）

阮元所論儘管有偏，但「誠有見於文章之始」，力主「沈思翰藻乃得爲文」，重視文學的藝術特徵。相比之下，章氏囊括一切語言文字以爲文，反倒顯得大而無當。所以黃侃在轉述章氏的觀點後又說道：

> 若夫文章之初，實先韻語；傳久行遠，實貴偶詞；修飾潤色，實爲文事；敷文摛采，實異質言；則阮氏之言，良有不可廢者。即彥和泛論文章，而《神思》篇以下之文，乃專有所屬，非泛爲著之竹帛者而言，亦不能遍通於經傳諸子。然則拓其疆宇，則文所不包，揆其本原，則文實有專美。（《劄記·原道》）

黃侃於此對較能體現文學特性的「韻語」、「偶詞」、「文采」等作了肯定，推尊「修飾潤色」，反對過於質樸的無華之作。同時，他又認爲，儘管劉勰「泛論文章」，所論包括史傳、諸子、奏啓、書記一類文體，但「《神思》篇以下之文，乃專有所屬」，與章氏所主張的「著之竹帛」、「經傳諸子」皆謂之文的說法是異趣的。所以他尤爲強調「揆其本原，則文實有專美」。可見，黃侃對文學特徵的認識比乃師更爲通達，與阮元的駢儷文學觀是不謀而合的。所以有學者認爲，黃侃「指出《文心雕龍·神思》篇以下『乃專有所屬』，正是《劄記》的卓識之體現，也是黃侃能夠開創『龍』學新局面的重要原因之一」。〔註56〕

另外，黃侃對六朝盛行的文筆說也作了梳理。他首先陳述了阮元與劉勰

〔註55〕章太炎：《國故論衡》，上海古籍出版社 2003 年版，第 51 頁。
〔註56〕張少康等：《文心雕龍研究史》，北京大學出版社 2001 年版，第 150 頁。

文筆說的差異：「彥和雖分文筆，而二者並重，未嘗以筆非文而遂屏棄之，」而阮元卻重文輕筆；且彥和明言文筆之分乃「今之常言」，「不自古初」，而阮元則從孔子《文言》分文筆，這就「於古未盡合也」。其次黃侃折衷章、阮二說表達了自己的見解：「與其屏筆於文外」，不如「合筆於文中」。這一見解吸取了章、阮二說，又比章、阮更為圓通。最後，黃侃還發揮了乾嘉學者治學重「史」精神，聯繫六朝文學實際對文筆作了考察：「六朝人分文筆，大概有二途：其一以有韻者為文，無韻者為筆；其一以有文采者為文，無文采者為筆。謂宜兼二說而用之。」（《劄記·序志》）這一點後來即為郭紹虞的文筆論所繼承：「其所謂『文』，有不僅限於韻體者，而所謂『筆』也有不專屬於散體者。」「由當時文筆之分言，則有（一）專就文章體制言者，……（二）亦有兼就文學性質言者。」〔註57〕黃侃如此理解「文筆」，符合中國雜文學傳統，「確實把握到了《文心雕龍》的理論要旨，對深化《文心雕龍》的研究起到了十分重要的作用。」〔註58〕

其次，研究方法。傳統「龍學」多以「讀經之法」讀《文心雕龍》，校勘注釋純粹是為了校勘注釋，義理闡釋擺脫不了儒家經典的束縛。黃侃在評騭《文心雕龍》時，為後代的「龍學」研究提供了很多可供借鑒的方法。第一，《劄記》採取以「注」代「論」的釋意方式，其對《文心雕龍》理論範疇、命題的闡釋，能夠緊緊立足於《文心雕龍》原文，而非主要尋求「旁證」以解析，往往能夠得出較為符合劉勰原義的闡釋。而「體系」意識，又使《劄記》能夠把所闡發對象，置於《文心雕龍》的理論體系中作系統、整體的考察，而非僅抓住某一篇章的某一句或幾句作為論說依據，因而能做出較為全面、客觀的把握。

第二，知人論世，從文化背景體會彥和之用心。《劄記·情采》篇開宗明義指出，劉勰身處齊梁，文壇文勝質衰，因此「此篇旨歸，即在挽爾日之頹風，令循其本，故所譏獨在采溢於情，而於淺露樸陋之文未遑多責」，但黃侃又看到劉勰並非否定文采，他的「文質相濟」的觀點是很明確的。劉氏「首推文章之稱，緣於采繪，次論文質相待，本於神理」，又舉經史之文以證文不棄美，「其重視文采如此，曷嘗有偏畸之論乎？」「借令彥和生於斯際，其所

〔註57〕 郭紹虞：《文筆與詩筆》，見《照隅室古典文學論集》上編，上海古籍出版社1983 年版，第 158～159 頁。

〔註58〕 張少康等：《文心雕龍研究史》，北京大學出版社 2001 年版，第 151 頁。

譏又當在此而不在彼矣。」更難能可貴的是，對劉勰思想的侷限，《箚記》也從一定的背景說明緣由，而不是簡單地加以貶斥。如《箚記・聲律》篇一方面「順釋舍人之文」，另一方面對本篇所論又有所保留，認為文辭當然以音節和諧為宜，但彥和過分追求聲律，這一點劉勰不及鍾嶸。為什麼會如此？「舍人亦誠有不得已者乎！」什麼不得已？「彥和生於齊世。適當王沈之時，又《文心》初成，將欲取定沈約，不得不枉道從人，以期見譽。」然而侷限不應迴護，因此《箚記》批評紀昀極力推崇此篇，〔註 59〕是將音韻學與文辭聲律混為一談，「獻諛於劉氏。」

第三，以史證論。《箚記》十分注意結合《文心雕龍》產生至近代的文學發展史來闡發劉勰的文論思想，「其目的在於發揚《文心雕龍》中重要理論觀點的現實意義，以收論古通今之效」。〔註 60〕《題辭及略例》云：「如謂劉氏去今以遠，不足誦說，則如劉子玄《史通》之後，亦罕嗣音，論史法者，未聞庣閣其作；故知滯於迹者，無向而不滯，通於理者，靡適而不通。」又《箚記・通變》篇云：「新舊之名無定，新法使人厭觀，則亦舊矣；舊法久廢，且出之塵霾之中，加以拂拭之事，則亦新矣。」《箚記》正是志在闡釋劉勰之「舊法」，使之煥發新的理論光芒。

第四，黃侃秉承了劉勰「沿波討源」的研究方法，對彥和文論體系中的許多範疇以及各種文體的演變歷史都作了梳理。《箚記・頌贊》篇云：「詳夫文體多名，難可拘滯，有沿古以為號，有隨宜以立稱，有因舊名而質與古異，有創新號而實與古同，此唯推迹其本原，診求其旨趣，然後不為名實玄紐所惑，而收以簡馭繁之功。」黃侃接下來釋「頌」即是如此。他論述了「頌」的本義及源流，不過把後來有些作品視為變體。以大量材料證實「頌」本兼誦、容二義，誦為本義、頌為借字，形容頌美為後起義，說明「頌名至廣」，「詩不與樂相依，謂之誦」，「至於後世，二義俱行」。前者如屈原《桔頌》、馬融《廣成》，「本非頌美、而亦被頌名」，後者「則自秦皇刻石以來，皆同其致」。這樣，不僅闡釋了彥和思想，更發彥和所未發。

〔註 59〕紀昀《沈氏四聲考》云：「按休文四聲之說，同時詆之者鍾嶸，宗之者劉勰。嶸以名譽相軋，故肆譏彈；勰以宗旨相同，故蒙賞識。文章門戶自昔已然，千古是非，於何取定。」《紀曉嵐評文心雕龍》云：「即沈休文《與陸厥書》而暢之，後世近體遂從此定制，齊梁文格卑靡，獨此學獨有千古，鍾記室以私憾排之，未為公論也。」
〔註 60〕張少康等：《文心雕龍研究史》，北京大學出版社 2001 年版，第 156 頁。

最後，《箚記》開創的文字校注、資料箋證和理論闡述三結合的體例，乃後世「龍學」研究的基本範式。後世的「龍學」著作，大體可分爲三類：其一，直承《箚記》體例，如范文瀾的《文心雕龍注》，在體例上與《箚記》完全相似，祇是校注內容更加豐富，徵引文章數量更多。其二，考證派，主要對《文心雕龍》進行校勘注釋，如楊明照的《文心雕龍校注》，主要內容不外補苴前注、徵引舊注、文字校勘和詞語箋釋。其三，義理派，主要是闡釋《文心雕龍》的文學思想，如王元化的《文心雕龍講疏》，對彥和的創作論思想進行系統梳理。

（二）《箚記》與《文心雕龍注》

「范注」是「現代『龍學』史上的一座里程碑」，〔註61〕而《箚記》對後世最深刻、最直接的影響就是「范注」。《文心雕龍講疏序》云：「囊歲遊京師，從蘄州黃季剛先生治詞章之學，黃先生授以《文心雕龍箚記》二十餘篇，精義妙旨，啓發無遺，退而深惟曰：《文心雕龍》五十篇，先生授我者僅半，殆反三之征意也。用是耿耿，常不敢忘，今茲此編之成，蓋亦遵師教耳。」〔註62〕可見，范文瀾在師從黃侃之時，既深受《箚記》義理的啓發，又有感於《箚記》之不全，已有續作之意。到范氏執教南開，雖已時隔五年，但此志未泯，「用是耿耿，常不敢忘」，加之授課教學需要，《文心雕龍講疏》由此產生，後又修改並更名爲《文心雕龍注》。有學者指出「范注對《箚記》的承襲幾達《箚記》的70%」，無論《箚記》的體例、研究方法，還是校注及義理闡釋，「范注」或直接引用，或在其基礎上加以擴充。〔註63〕於此可見，《箚記》在「龍學」史上的奠基地位。

首先，《箚記》開創的校勘、注釋、材料迻錄三結合的體例對「范注」產生了深刻影響。先看校勘。《箚記》共計24校，「范注」沿用了20校。《箚記》多爲理校，「范注」則綜合運用了對校、本校、他校和理校四種校字方法。「范注」對《文心雕龍》的字句校勘十分重視，全書除正文夾校外，尚有297條校語。

次看注釋。如前所述，《箚記》的注釋主要有三類：補苴黃注，徵引前注和自己對《文心雕龍》的注釋。對於這三條，「范注」都一一承繼。「范注」共十

〔註61〕 李平：《〈文心雕龍〉研究史上的一座里程碑——范文瀾〈文心雕龍注〉研究》，見《文心雕龍綜論》，中國文聯出版社1999年版，第174頁。
〔註62〕 范文瀾：《范文瀾全集》第三卷，河北教育出版社2002年版，第5頁。
〔註63〕 戚良德、李婧：《論范文瀾〈文心雕龍注〉對黃侃〈文心雕龍箚記〉的承襲》，《山東大學學報》2007年第5期。

項例言，其第二項云：「黃注流傳已久，惜頗有紕繆，未厭人心。聶松岩謂此注及評，出先生客某甲之手，晚年悔之已不可及，今此重注，非敢妄冀奪席，聊以補苴昔賢遺漏云耳。」說明范氏與其師黃侃一樣也志在補苴黃注。《箚記》共有 9 處補苴黃注，「范注」沿用 7 處。「范注」例言第七項云：「古人文章，每多訓詁深茂，不附注釋，頗艱讀解，茲爲酌取舊注，附見文內，以省翻檢。」可見，「范注」繼承並發展了《箚記》徵引前注的體例，除採錄孫詒讓和李詳的校注之外，還廣集舊注。《箚記》引用孫詒讓 5 條《札迻》，「范注」沿襲 3 條；《箚記》引用李詳 18 條補注，「范注」沿襲 12 條。另外，黃侃對《文心雕龍》的疑難語詞進行了注釋，《箚記》全書約有 220 餘注，「范注」全文襲用了近百條。需要特別指出的是，至 1929 年范注出版之時，范氏所看到的《箚記》乃由北平文化學社於 1927 年所刊，共 20 篇，故「范注」對這部分的引用，都標明「《箚記》曰」；後來中華書局於 1962 年所出《箚記》全書共 31 篇，其雖出版於「范注」之後，但作爲黃侃受業弟子，范氏仍得近水樓臺之便而予以引用，祇是范氏在移用之時，或不標明，或標明「黃先生曰」。另據統計，「范注」尚有 29 條注雖引自《箚記》，但並未直接標明。〔註64〕

　　再看材料迻錄。《題辭及略例》云：「然則諸篇所舉舊文，悉是彥和所取以爲程式者，惜多有殘佚，今凡可見者，並皆繕錄，以備稽考。」「若有彥和所不載，而私意以爲可作楷摰者，偶爲抄撮，以便講說。」此條例言包含兩層意思：一是《箚記》材料徵引的範圍：既囊括《文心雕龍》所涉及的各種材料，也包含古往今來可與《文心雕龍》相互發明的理論篇章；二是材料徵引的價值：方便瞭解原文、啓發人們理解文義以及「以便講說」。《箚記》徵引文章這一體例，尤爲「范注」繼承發揚。「范注」十條例言中有四條涉及材料徵引。

　　三、劉氏之書，體大思精，取材浩博，絕非淺陋如予所能窺測。敬就耳
　　　　目所及，有關正文者，逐條列舉，庶備參閱，切望明師益友，毋吝
　　　　餘論，匡其不逮，以啓柴塞。

　　五、昔人頗譏李善注文選，釋事而忘意，文心爲論文之書，更貴探求作
　　　　意，究極微旨，古來賢哲，至多善言，隨宜錄入，可資發明。其架
　　　　空騰說，無當雅義者，概不敢取，籍省辭費。

　　六、劉氏所引篇章，亡佚者自不可復得，若其文見存，無論習見罕遇，

〔註64〕戚良德、李婧：《論范文瀾〈文心雕龍注〉對黃侃〈文心雕龍箚記〉的承襲》，
　　　　　《山東大學學報》2007 年第 5 期。

悉爲抄入，便省覽也。惟京都大賦、楚辭眾篇及馬融廣成頌陸機辨
亡論之類，或卷帙累積，或冗繁已甚，爲刊煩計，但記出處，不復
迻錄。

八、古來傳疑之文，如李陵答蘇武書諸葛亮後出師表等篇，本書雖未議
及，而昔人雅論，頗可解惑，刪要採錄，力求簡約，至時賢辨疑，
亦多卓見，因未論定，則蹔捐勿載。〔註65〕

《箚記》共徵引文章 57 篇，「范注」轉引了其中的 48 篇。不過「范注」
徵引材料更爲詳贍，據「范注」卷首附錄的「徵引篇目」統計就有 356 種，
再加上一種數篇和一些沒有列入篇目的材料，「范注」共迻錄了各類文章 400
餘篇。

其次，「范注」因襲了《箚記》以「注」代「論」的釋義方法。范文瀾增
訂修改了《講疏》，並更名爲「注」，一方面因爲「范注」大量增加了注釋的
條數和內容，另一方面也由於「范注」並未把義理闡釋的相關內容單析出來，
而是散見於注釋之中。以形式論，「范注」全篇皆爲「注」，稱「注」自然名
正言順；但稽考其實，「范注」是蘊義理的闡釋於注釋之中，並非一般的爲了
注釋而注釋的注書。而「范注」這一研究方法正受到《箚記》的影響。陳允
鋒指出：「范注的出現，標誌著《文心雕龍》注釋由明清時期的傳統型向現代
型的一大轉變，即在繼承發展傳統注釋優點的基礎上，受其業師黃侃《文心
雕龍箚記》的影響，對《文心雕龍》的理論意義、思想淵源及重要概念術語
的內涵進行了較爲深刻清晰的闡釋。」〔註66〕

在具體的釋義方法上，「范注」也受到《箚記》的沾溉。《箚記》在釋義
時多用原文互釋、引文注釋和直接解釋等方法，「范注」基本襲用，只不過在
數量上更多，內容上更豐富。如《誄碑》篇云：「潘岳構意，專師孝山，巧於
序悲，易入新切，所以隔代相望，能徵關聲者也。」「范注」釋曰：「本書《才
略》篇云：『潘岳敏給，辭自和暢，鍾美於《西征》，賈餘於哀誄』，與此同意。」
〔註67〕又如釋《徵聖》篇「鑒周日月」，「范注」云：「《易·上繫辭》『陰陽之
義配日月』。鑒周日月，猶言窮極陰陽之道。」〔註68〕

〔註65〕 范文瀾：《文心雕龍注》（上），人民文學出版社 1958 年版，第 4～5 頁。
〔註66〕 陳允鋒：《評范文瀾〈文心雕龍注〉》，《文心雕龍研究》第五輯，河北大學出
版社 2002 年版，第 363 頁。
〔註67〕 范文瀾：《文心雕龍注》（上），人民文學出版社 1958 年版，第 221 頁。
〔註68〕 范文瀾：《文心雕龍注》（上），人民文學出版社 1958 年版，第 19 頁。

　　再次，「范注」的理論闡釋也受到《箚記》影響。范文瀾不僅受黃侃的影響，轉變了研究方法，注重《文心雕龍》義理的闡釋；在具體的理論見解上，也多受黃氏《箚記》影響：或直承其觀點，或在其基礎上略作發揮。《箚記》除《議對》、《書記》、《序志》3 篇外，每篇都有題解，而《情采》、《鎔裁》、《章句》、《麗辭》、《事類》、《附會》等 6 篇通篇只有題解。這些題解，或闡釋《文心雕龍》一篇的主旨大意；或評析彥和的理論得失，並附以黃氏個人的見解。可以說，《箚記》的精義妙旨均在每篇題解之中。「范注」「探求作意，究極微旨」，對《箚記》的題解格外重視，並予以充分吸收。《箚記》關於《風骨》、《通變》、《定勢》、《比興》、《事類》、《總術》等 6 篇題解被「范注」全篇轉引；另外，「范注」還部分沿用了《箚記》關於《體性》、《情采》、《鎔裁》、《章句》、《麗辭》、《指瑕》、《附會》等 18 篇的題解和《補文心雕龍隱秀篇》。《箚記》共 28 篇題解，「范注」引用者已逾半數，《箚記》之精義妙旨對「范注」啓發之大，可見一斑。

　　「這裡特別值得一提的是，范注引黃侃《箚記》釋義的例子特別多，尤其是在《文心雕龍》創作論部分，更是多次大段地引錄《箚記》。」〔註69〕例如《箚記》首次將劉勰的《神思》篇與陸機的《文賦》相聯繫，范氏繼承並發揚此點，多引陸機《文賦》與《神思》篇相印證，從而深化了對《神思》篇的理解。又如對「風骨」內涵的解釋，「范注」沿承《箚記》「風即文意，骨即文辭」的思路，在注一中全部轉引《箚記·風骨》篇題解，繼而在注四中加以說明道：

　　　　風即文意，骨即文辭，黃先生論之詳矣，竊復推明其義曰，此篇所
　　　　云風、情、氣、意，其實一也，而四名之間，又有虛實之分。風虛
　　　　而氣實，風氣虛而情意實，可於篇中體會得之。辭之與骨，則辭實
　　　　而骨虛，辭之端直者謂之辭，而肥辭繁雜亦謂之辭，惟前者始得文
　　　　骨之稱，肥辭不與焉。〔註70〕

顯然，范氏一方面全面承繼黃侃之論，另一方面又進一步「推明其義」，可以說是《箚記》的注腳。

　　另外，關於《文心雕龍》的結構特徵，「范注」也受到《箚記》的影響。《箚

〔註69〕李平：《〈文心雕龍〉研究史上的一座里程碑——范文瀾〈文心雕龍注〉研究》，見《文心雕龍綜論》，中國文聯出版社 1999 年版，第 196 頁。
〔註70〕范文瀾：《文心雕龍注》（下），人民文學出版社 1958 年版，第 516 頁。

記・神思》篇云：「自此（指《神思》篇）至《總術》及《物色》篇，析論為文之術，《時序》及《才略》以下三篇，綜論循省前文之方。比於上篇，一則為提挈綱維之言，一則為辨章眾體之論。」黃侃認為《文心雕龍》上編屬文體論部分，下編《神思》至《總術》為創作論部分，《時序》、《才略》等篇為批評鑒賞論部分。「范注」在《神思》篇注一中云：「《文心》上篇剖析文體，為辨章篇制之論；下篇商榷文術，為提挈綱維之言。上篇分區別囿，恢宏而明約；下篇探幽索引，精微而暢朗。」〔註71〕這幾乎就是《劄記》的翻版，只不過「范注」為《文心雕龍》上下編各製了一張表，更加清晰地揭示全書的結構體系。

當然，作為一部學術著作，「范注」對《劄記》並非不加甄別地一味照搬照抄，仍有所補且修正。如《劄記・體性》篇認為八體「本無軒輊」，而「范注」云：「案彥和於新奇、輕靡二體，稍有貶義，大抵指當時文風而言。次節列舉十二人，每體以二人作證。獨不為末二體舉證者，意輕之也。」〔註72〕《體性》篇所列舉的作家是否能為「八體」作證，雖不一定；但范氏認為彥和對新奇、輕靡稍有貶義，則不為無據，因而得到廣泛認可。又如《劄記》認為《通變》篇「博精二字最要」，而「范注」云：「竊案：『憑情以會通，負氣以適變』二語，尤為通變之要本。蓋必情真氣盛，骨力峻茂，言人不厭其言，然後故實新聲，皆為我用；若情匱氣失，效今固不可，擬古亦取憎也。」〔註73〕

《劄記》成書於近百年之前，在當時學術條件和研究水平的背景下，將《文心雕龍》研究推到了一個新的高度，其中的許多觀點實際上已成為現代「龍學」研究的起點。此後的《文心雕龍》研究者，不論其承認與否，多踏在黃侃的肩上繼續前進。他們「不再遵循清儒訓詁考據的老路子，用讀經之法去讀《文心雕龍》，而是以舊有的校、注、版本為基礎，再運用比較、分析、統計、歸納各種思維的理則，去探討劉彥和的文論思想」。〔註74〕

二、《文心雕龍劄記》的學術史價值

學界對《劄記》的「新舊」屬性還有爭論。有學者認為《劄記》屬於古典文論範疇，雖然黃侃「看出封建末世文壇的弊病，卻開不出顛倒乾坤的藥

〔註71〕范文瀾：《文心雕龍注》（下），人民文學出版社1958年版，第459頁。
〔註72〕范文瀾：《文心雕龍注》（下），人民文學出版社1958年版，第507頁。
〔註73〕范文瀾：《文心雕龍注》（下），人民文學出版社1958年版，第527頁。
〔註74〕王更生：《文心雕龍研究》（增訂重修），臺灣文史哲出版社1979年版，第25頁。

方……因而不可能投入劃時代的新文化運動，只能成爲舊時代的最後一位文論家」。〔註 75〕也有學者認爲，《劄記》的誕生標誌著中國古典文論研究的現代轉型，「由民國開元以來以迄今日，在中國古典文論的園地裏，由於黃侃《文心雕龍劄記》的率先倡導，把文學批評的界域帶向一個理想的高峰」。〔註 76〕筆者不贊成以上兩種觀點，第一種觀點完全抹殺了《劄記》的開創性，第二種觀點則誇大其詞。筆者更傾向於第三種觀點，即認爲《劄記》亦新亦舊。作爲舊文論，《劄記》首先以批判者的面貌，對當時苟延殘喘的桐城末流進行了強烈抨擊，這對扭轉當時文壇頹風有積極意義；作爲新文論，由於《劄記》成書於交替時代和特殊環境，它又是開創者，對中國古典文論研究向現代轉型有重大意義。

（一）對桐城派的批判

桐城派幾乎從它產生伊始，就遭到不少有眼光的文人的批評，特別是以阮元、劉師培爲代表的文選派。劉氏在《論近世文學之變遷》中指出，方苞爲文雖標舉「義法」，但其文卻多「以空議相演」，是「捨事實而就空文」；雖以「雅潔」爲旨歸，敘事貴簡，但又多「本末不具」；其宗奉者雖遍及海內，「然以空疏者爲之，則枯木朽荄，索然寡味，僅得其轉折波瀾。」〔註 77〕在《文章源始》中他又說道：「近代文學之士，謂天下文章，莫大乎桐城，於方、姚之文，奉爲文章之正軌；由斯而上，則以經爲文，以子史爲文。（如姚氏曾氏所選古文是也）出斯以降，則枵腹蔑古之徒，亦得以文章自耀，而文章之眞源失矣。」〔註 78〕指出天下文章雖盛於桐城，但由於桐城諸子及其末流不可避免的因襲和空疏枯陋，所以文章之眞源亦失於桐城。

從師承關係看，黃侃對桐城派的流弊顯然不會輕易放過。黃侃撰寫《劄記》，的確是爲了與以姚永樸爲代表的桐城末流的學術論戰，但「就實際情形來看，所謂的《文選》、桐城兩派並沒有形成眞正意義上的直接交鋒，」黃侃批評桐城文論，鋒芒更多指向桐城派元老。〔註 79〕在《劄記》中，黃侃幾乎

〔註 75〕 張皓：《黃侃〈文心雕龍劄記〉簡論》，《黃石師院學報》1984 年第 2 期。

〔註 76〕 王更生：《文心雕龍研究》（增訂重修），臺灣文史哲出版社 1979 年版，第 25 頁。

〔註 77〕 陳引馳編校：《劉師培中古文學論集》，中國社會科學出版社 1997 年版，第 272 頁。

〔註 78〕 陳引馳編校：《劉師培中古文學論集》，中國社會科學出版社 1997 年版，第 216 頁。

〔註 79〕 汪春泓：《論劉師培、黃侃與姚永樸之〈文選〉派與桐城派的紛爭》，《文學遺

對桐城派的每一條理論都給予了批判：

第一，關於「文以載道」。他一方面指出「萬物人倫」，皆「道之所寄」，「人鬢蠶絲，猶將不足彷彿」（《箚記・原道》），這就大大拓展了道的普遍性和適應性，把道從桐城義法論的狹隘圈子裏解放出來。另一方面，黃侃又擯棄了與桐城藕斷絲連的「文以載道」之說，轉而藉重劉勰「萬物所由然」的自然之道。劉勰論文首重自然之道，是爲了反對齊梁文壇日趨浮華的頹風；黃侃藉重自然之道，在很大程度上就是爲了反對從宋儒理學家到桐城文人妄標文道、欺世盜名的文風。在他看來，這幫人挾道自許，殊不知已「昧於語言之本」，又「不復撢究學術，研尋眞知」，唯「設言」、「欽言」是尚，故其「階之屬者」，正如劉師培所謂的「枵腹蔑古之徒，亦得以文章自耀」。

第二，關於桐城「義法」。《箚記・通變》篇指出：「後世有人高談宗派，壟斷文林，據其私心以爲文章之要止此，合之則是，不合則非，雖士衡、蔚宗，不免攻擊，此亦彥和所譏也。」接著不厭其煩地全錄了錢大昕對方苞毫不留情的抨擊文章。以方苞爲首的桐城派古文家，曾欲以其古文之作糾當時科舉時文之弊，又由於自身的弱點，反倒與時文結下了不解之緣。故錢氏引王若霖語譏道：「靈皋以古文爲時文，卻以時文爲古文。」方苞視義法爲秘寶，挾以自重，實際上是「徒以空議相演」，所以錢氏又指出方苞「惜乎未喻古文之義法爾」，「子以爲方所得者，古文之糟粕，非古文之神理也」（《錢曉徵與友人書》），其批判可謂嚴厲，也確實擊中要害。所以連姚鼐最後也不得不承認：「祇以義法論文則得其一端而已」，「較之古文則淺爾」（《與陳碩士》）。

第三，關於「雅潔」文風。桐城派論文標舉「雅潔」，強調散行文字，反對駢儷之文，但往往走向極端：簡潔有餘而文采不足。阮元反對這一點，就以《文言》爲武器，認爲情辭聲韻、駢儷對偶乃得爲文，但同樣忽視了經史子中文采斐然的優秀之作，這也是黃侃所不贊同的。但是，若與桐城之弊相較，黃侃又認爲二者有明顯的高下之別。《箚記・徵聖》篇云：

> 近代唯阮君伯元知尊奉《文言》，以爲萬世文章之祖，猶不悟經史子
> 集一概皆名爲文，無一不本於聖，徒欲援引孔父，以自寵光，求爲
> 隆高，先自減削，此固千慮之一失。然持校空言理氣，臆論典禮，
> 以爲明道，實殊聖心者，貫三光而洞九泉，曾何足以語其高下也！

姚鼐在《古文辭類纂》中曾歸納出文章須具「神、理、氣、味、格、律、聲、

產》2002 年第 4 期。

色」八點特色，其意在於提高文章的藝術性，以糾桐城「枯木朽賤，索然寡味」之弊，但由於桐城派本身高談性道，「周程義理，出奴入主」（章學誠《答沈楓埠論學》）的致命弱點，終未能挽救頹勢。所以黃侃譏刺這些桐城宗師是「空言理氣，臆論典禮，以為明道，實殊聖心」。

第四，關於陽剛陰柔說。姚鼐提出的陽剛陰柔說，比較注重文章的藝術性，被桐城後學視為圭臬。但是，這些桐城後學或與儒家之道相比附，或稱美一端而不及其餘，未能眞正從文學藝術規律的角度發揮其精義，黃侃對此深為不滿，在《劄記‧定勢》篇中對此進行了尖銳的批判：

> 爲有執一定之勢，以御多數之體，趣捷狹之徑，以儥往舊之規，而
> 陽陽然自以爲能得文勢，妄引前修以自慰薦者乎！是故彥和之説，視
> 夫專標文勢妄分條品者，若山頭之與井底也，視徒知崇慷慨者，相
> 去乃不可以道里計也。

這對那些熱衷於「妄分條品」、「專標文勢」，紛紛揚揚並自以爲得文章之眞傳的桐城末流，不啻爲當頭棒喝。黃侃還對「徒崇慷慨者」進行了重點抨擊，乃是因爲桐城文人多喜以陽剛自壯，卻又多爲「枵腹蔑古之徒」。

若說以上諸條是對桐城之陋各個擊破，那麼，《題辭及略例》就是對桐城派及其流弊的總批判：

> 自唐而下，文人躋多，論文者至有標榥門法，自成部區，然圳察其
> 善言，無不本之故記。文氣、文格、文德諸端，蓋皆老生之常談，
> 而非一家之眇論……世人忽遠而崇近，遺實而取名，則夫陽剛陰柔
> 之説，起承轉之談，吾儕所以爲難循，而或者方矜爲勝義。夫飲食
> 之道，求其可合口，是故鹹酸大苦，味異而皆容於舌胗；文章之嗜
> 好，亦類是矣，何必盡同？

黃侃在這段作爲全書序言的文字中，對那些瑣碎陳腐，實際上毫無創見的說法囊括無遺，痛下針砭，開宗明義地表明了他對桐城派及其末流的勢不兩立的立場。同時，黃侃的批判還是比較客觀的，他也承認「義門論文，亦有精語」，祇是有「三蔽未袪」：「一曰時代高下之見，二曰時文門法之見，三曰體裁朦溷之見。」〔註80〕

黃侃作《劄記》具有鮮明的現實針對性，其中重要的批判對象就是《文學研究法》。據范文瀾回憶：「那時北大有點『百家爭鳴』。姚永樸上課宣傳桐

〔註80〕黃侃平點，黃焯編次：《文選平點》，上海古籍出版社 1985 年版，第 1 頁。

城派，罵文選派。黃季剛上課就罵桐城派。」〔註 81〕大概基於此，周勳初才認爲：「如果說，《文學研究法》是代表桐城派的一部文論名著，那麼《文心雕龍箚記》就是代表《文選》派的一部文論名著了。」〔註 82〕姚永樸（1861～1939），字仲實，安徽桐城人。學宗方姚，畢生致力於經史研究，與其弟姚永概同爲桐城派末期代表人物。《文學研究法》共四卷二十五篇，是他任教北大的講義。其材料之詳贍，行文之嚴密，語言之雅潔，確乎桐城風采。其體例模倣《文心雕龍》，關於文章的生成、構造、風格、流變及作家修養等等，均有詳盡論證。其實，《箚記》與《文學研究法》並非水火不容，如果對兩個文本進行細緻分析，可以發現二者之間異中有同。

先看二者的相同之處。首先，都重小學。姚永樸同其前輩一樣，論文重視小學功底，這幾乎與黃侃如出一轍。如《文學研究法·起原》篇講文章肇始與文字產生的關係，涉及「六書」等文字學知識，並指出：「欲由今溯古，以通其訓詁，必自識字始。」〔註 83〕姚氏贊同張之洞「小學乃經史詞章之本」的觀點，主張在訓詁精確的基礎上從事詞章之學。關於宋儒性理學說對文章的負面作用，姚氏也不避諱，《文學研究法·運會》引方苞言：「漢之東、宋之南，其學者專爲訓詁，故義理明而文章則不能兼勝焉。」〔註 84〕此種「訓詁」多自我發揮，所得義理與清代漢學家「訓詁即義理」不可同日而語。黃侃論文遠紹乾嘉樸學，在《箚記》中有明顯體現，前面已論，這裡不再贅述。

其次，對《文選》與駢文的態度基本一致，祇是姚永樸所論文章比文選派範圍大，有韻之文與無韻之筆一併囊括。姚氏對《文選》與駢文並不像某些古文家那樣憤激，還是能夠客觀評價其文學成就。《文學研究法·門類》篇云：「總集古以《文選》爲美備。」他甚至認同「《文選》爛，秀才半」之說，對於《文選》以及歷代駢文高手絲毫沒有藐視之意；其《文學研究法·運會》篇評述清代作家，也是古文與駢文並列，並未表現出絲毫軒輊之意，他說：「至於清室二百七十餘年之間，人才亦不少。古文則有……駢文則有胡天遊、邵

〔註 81〕 轉引自陳其泰：《范文瀾學術思想評傳》，北京圖書館出版社 2000 年版，第 18頁。

〔註 82〕 周勳初：《黃季剛先生〈文心雕龍箚記〉的學術淵源》，《文學遺產》1987 年第 1 期。

〔註 83〕 姚永樸：《文學研究法》，黃山書社 1989 年版，第 4 頁。

〔註 84〕 姚永樸：《文學研究法》，黃山書社 1989 年版，第 57 頁。

齊燾、孔廣森、洪亮吉」，〔註85〕與古文家諸如桐城派並駕齊驅。《文學研究法·起原》篇說屬文者必讀書目：「六經、周秦諸子、《楚辭》、《文選》姑勿論，」而文章選本與歷代文章家，「駢體文選本莫善於李申耆《駢體文鈔》。」

再次，關於方苞「義法」，姚氏能夠做到既不拋棄又不拘泥，比如在《文學研究法·綱領》篇中，他贊許魏禧《答計甫草書》的觀點，魏氏云：「古人法度，猶工師規矩不可叛也；而興會所至，感慨、悲憤、愉樂之激發，得意疾書，浩然自快其志，此一時也，雖勸以爵祿不肯移，懼以斧鉞不肯止，又安有左氏、司馬遷、班固、韓、柳、歐陽、蘇在其意中哉！」〔註86〕姚氏如此靈活地看待法度，將之視作活法，與方苞「立言必本義法」便大相徑庭。《文學研究法·綱領》篇又云：「且大義法雖文學家所最重，而實不足以盡文章之妙。是以惜抱先生《與陳碩士書》云：『得書謂震川論文深處，望溪尚未見，此論甚是。望溪所得，在國朝諸賢爲最深，較之古人則淺。其閱太史公書，似精神不能包括其大處、遠處、疏澹處及華麗非常處。且以義法論文，則得其一端而已。』」〔註87〕姚鼐早就覺察到「義法」論的侷限性，所以其《古文辭類纂序》標榜爲文在乎「神、理、氣、味、格、律、聲、色」，已經有意識地糾正方苞之偏枯了。黃侃論文雖然講求「以術馭文」，但並非「立一術爲定程」，而強調「隨手適變，人各不同」，也是比較靈活地看待法度的。

同是借鑒於《文心雕龍》，黃侃欣賞其有韻駢偶之一端，爲之張皇幽眇；而姚氏則拾其全部，雖然其古文家的傾向性是堅定的，但他有意統合有韻之文和無韻之筆，試圖消弭古文與駢文之間的壁壘。《文學研究法·派別》篇云：

> 吾嘗論有韻之文與無韻之文之發生，必有韻之文居乎先。……據此則文之有韻無韻，皆順乎自然，詩固有韻，而文亦不必不用韻。若夫偏於用奇之文與偏於用偶之文之發生，則用奇者必居乎先……昔李申耆（兆洛）《駢體文鈔序論》云：「……自唐以來，始有古文之目，而目六朝之文爲駢儷，而爲其學者，亦自以爲與古文殊路。既歧奇與偶爲二，而於偶之中，又歧六朝與唐與宋爲三。夫苟第較其字句、獵其影響而已，則豈徒二焉三焉而已，以爲萬有不同可也。」

〔註85〕姚永樸：《文學研究法》，黃山書社 1989 年版，第 55 頁。
〔註86〕姚永樸：《文學研究法》，黃山書社 1989 年版，第 24 頁。
〔註87〕姚永樸：《文學研究法》，黃山書社 1989 年版，第 27 頁。

〔註88〕
姚永樸認爲豐富多彩的文章乃「順乎自然」，不必妄加判分，若喜好駢文而排擠古文，或以古文自居而斥駢文爲淫靡，皆不能做到通方廣恕，這與《文心雕龍》「體大慮周」不謀而合。

姚永樸與黃侃所不同者，《劄記》側重於創作論部分，《文學研究法》更側重於文體論部分。所以姚氏很重視文章學，對於文章修辭之學用力甚多，比如他承襲桐城家法，講究起承轉合；《文學研究法·著述》篇云：「大抵諸類之體雖殊，然必命意、佈局、行氣、遣詞則一。是故忌平鋪直敘，須有反正，有開闔，有賓主，凡題之正面，不宜絮衍，蓋所謂反與開與賓，無非托出正面也。」〔註89〕《文學研究法·記載》篇云：「文章必有義法，而記載門尤重。」

姚氏雖然不像文選派那樣講究「沈思」、「翰藻」之文，但他對於文學的特質還是有清晰認識的，《文學研究法·範圍》篇說文學家與諸家的區別在於：「一異於性理家」、「二異於考據家」、「三異於政治家」、「四異於小說家」。此文學家自然是就古文家而言，他將古文家從理學家、經學家中抽離出來，體現出他要擺脫非文學因素干擾的意向，此與文選派釐定「文」爲何物，雖有較大出入，但是思路卻殊途同歸，至少他已將宋儒語錄體文章等清除出「文學」領域。所以說，《劄記》雖是學術論爭的產物，但與《文學研究法》並非勢不兩立，二書仍有許多相通之處。假如要立一家之言，黃侃、劉師培所代表的文選派，突出文學特性，鼓吹有韻之文，那是無可厚非的。若從中國文壇歷來所持的雜文學觀念的實際來看，姚永樸的《文學研究法》似乎更有價值。

《劄記》對桐城末流的批判，一方面對挽救文壇頹敗的文風有積極意義，另一方面，由於黃侃與桐城派的論戰發生在當時執學術牛耳的北京大學，因而對當時整個學術界也產生了很大影響。但是，隨著救亡思潮與新文化運動的興起，被錢玄同罵爲「桐城謬種」和「選學妖孽」的二派，均被歷史所「拋棄」，曾經有過的爭論也只能成爲芻狗陳迹。

（二）從「詩文評」到中國文學批評

《劄記》是中國文論研究由傳統向現代轉型的一個承前啓後的轉捩點，「1914 年至 1919 年，黃侃在北大開設《文心雕龍》課，對於古代文論的認眞

〔註88〕 姚永樸：《文學研究法》，黃山書社 1989 年版，第 60～61 頁。
〔註89〕 姚永樸：《文學研究法》，黃山書社 1989 年版，第 71 頁。

研究才算開始。」〔註90〕從某種程度上說，以《箚記》爲代表的一批文論著作促成了「詩文評」到中國文學批評的轉型。

　　中國古代的文學批評著作名曰「詩文評」，明人焦竑《國史經籍志》首立「詩文評」，其後《四庫全書總目》集部有「詩文評」類，可以說是傳統詩文評研究的集大成之作。但是，包括《四庫全書總目》在內的古典形態的詩文評研究，還祇是處在自發的、隨意的狀態，與作爲學科的、現代意義上的中國文學批評研究還相距甚遠。詩文評在古代學術體系中位置很低，祇是茶餘飯後的閒話談資，即使如《四庫全書總目》，也認爲「詩文評」僅僅是爲了「討論瑕瑜，別裁眞僞，博參廣考」而「有裨於文章」而已。目錄學上別立「詩文評」類，雖然使嚴格意義上的文學批評著作找到了自己相對獨立的位置，但正如朱自清所說：「老名字代表一個附庸的地位和　個輕蔑的聲音——『詩文評』在目錄學裏祇是集部的尾巴！」〔註91〕而且古典形態的文論研究在方法上主觀隨意性大，缺乏嚴格、系統、科學的方法。古典文論研究的這些侷限，只有等到 20 世紀才得到了徹底改觀。朱自清認爲：「中國文學批評史的出現，卻得等到五四運動以後，人民確求種種新意念新評價的時候。這時候，人們對文學採取了嚴肅的態度，因而對文學批評也採取了鄭重的態度，這就提高了在中國的文學批評——詩文評——的地位。」〔註92〕

　　首先，現代大學的出現改變了古典文論的研究形態。1903 年，清政府命張之洞會同張百熙、榮慶共同修訂學堂章程，製定出《奏定學堂章程》。在這一章程中，文學科被分爲九門，其中「中國文學門」包括了「文學研究法」、「歷代文章流別」、「古人論文要言」、「周秦至今文章名家」、「四庫集部提要」、「西國文學史」等 16 個科目。「古人論文要言」就是我們今天中國文學批評的前身。在《奏定學堂章程》中談到「歷代名家論文要言，如《文心雕龍》之類，凡散見子史集部者，由教員收集編爲講義」。這可以說是現代教育體制中最早對古文論研究做出的規定。古代文論從此進入現代教育體制，形成了自己獨立的科學研究門類。黃侃也就是在這個背景下，把古文論的講授帶入

〔註90〕 羅宗強、鄧國光：《近百年的中國古代文論之研究》，《文學評論》1997 年第 2 期。

〔註91〕 朱自清：《詩文評的發展——評羅根澤〈中國文學批評史〉與朱東潤〈中國文學批評史大綱〉》，見《朱自清序跋書評集》，三聯書店 1983 年版，第 251 頁。

〔註92〕 朱自清：《詩文評的發展——評羅根澤〈中國文學批評史〉與朱東潤〈中國文學批評史大綱〉》，見《朱自清序跋書評集》，三聯書店 1983 年版，第 240 頁。

現代教育體制的。傳統研究的個人化特徵，逐漸被現代教育體制的制度化生產特徵代替，其中最具特性的就是大學課程的設置和講義的編寫。在這種背景下，講授方式、傳授對象、教學體制均發生了重大的變化。像民初的一些重要著述，如《劄記》、《中國中古文學史講義》、《文學研究法》等都是起自於大學的講義，制度形成著述，著述繼續影響著研究，古代文論就是在這樣的背景中一步步完成轉型的。當然，中國古典文論研究的轉型不可能從一部經典著作的角度來看待，也不能侷限於一所大學，而要在一個更廣闊的範圍內，需要無數人的努力共同完成，而其所借助的印刷媒體又起到了推波助瀾的作用。所以說，《劄記》這部在現代課堂誕生，由現代的發行媒介推廣的書籍，成爲古文論研究在現代教育體制內最早的成果代表。〔註93〕

其次，黃侃對科學精神與科學方法的不自覺運用，推動了古代文論研究由傳統向現代的轉型。《劄記》的研究對象雖爲傳統著作，其研究方法也多爲樸學的考據之法，但黃侃也受過西學的影響，不可能對科學精神與科學方法置若罔聞。何爲科學精神？梁啟超認爲：

> 所謂科學的精神何也？善懷疑，善詢問，不可妄徇古人之成說，一人之臆見，而必力求眞是非之所存，一也；既治一科，則原始要終，縱說橫說，務儘其條理，而備其佐證，二也；其學之發達，如一有機體，善能增高繼長，前人之發明者，啟其端緒，雖或有未盡，而能使後人因其所啟者而竟其業，三也；善用比較法，臚舉多數之異說，而下正確之折衷，四也。〔註94〕

應該說，梁啟超提出的「科學精神」的四方面，正是具有現代色彩的學術研究的重要標誌。黃侃可能不像新派學者那樣旗幟鮮明地倡導科學精神，但在其著作已經自覺或不自覺地運用科學方法了。以《劄記》爲代表的中國古代文論研究，也正是在講究科學精神和方法的學術大勢中，實現了從古典到現代的轉型。第一，不拘舊說，黃侃評騭《文心雕龍》從來不盲目信從舊說，即使是其師章太炎的觀點，黃氏也會詳加考證。如《劄記·聲律》篇「南郭之吹竽」條云：「章先生云：『當作南郭之吹於耳，正與上文相連。《莊子》前

〔註93〕 蔣述卓等：《二十世紀中國古代文論學術研究史》，北京大學出版社 2005 年版，第 8～9 頁。
〔註94〕 梁啟超：《論中國學術思想變遷之大勢》，見《飲冰室合集·文集》之七，中華書局 1989 年版，第 87 頁。

者唱於而隨者唱喁，此本南郭子綦語，而彥和遂以為南郭事，儷語之文，固多此類，後人不明吹於之義，遂誤加竹耳。』侃謹案：如師語亦得，但原文實作東郭」。第二，「史」的精神，前面已述，此處僅舉一例。如《箚記·麗辭》篇云：「文之有駢儷，因於自然，不以一時一人之言而遂廢。然奇偶之用，變化無方，文質之宜，所施各別。或鑒於對偶之末流，遂謂駢文為下格；或懲於俗流之恣肆，遂謂非駢體不得為文：斯皆拘滯於一隅，非闊通之論也。惟彥和此篇所言，最合中道。」具體到文學發展而言，黃侃認為：六朝駢文的弊端固多，「誠有以致譏召謗者」，但唐代復古之風興起之後，古文家視駢文為「衰敝之音」，至宋代蘇軾「至謂昌黎起八代之衰，直舉漢魏晉宋而一切抹殺之。宋子京修《唐書》，以為對偶之文，不可以入史策，斯又偏滯之見，不可以適變者也。」與此同時，黃侃又從創作實踐方面說明文質無恒、奇偶無定的文學史實：「今觀唐世之文，人抵駢散皆有，若敬輿之《翰苑集》，皆屬駢體，而肫摯暢遂，後世誦法不衰；即退之集中，亦有駢文；樊南之文，別稱四六；則為古文者亦不廢斯體也。」這樣，黃侃既以唐宋後的文學史闡明了《文心雕龍》的闊通之論，又以劉勰的理論批評了偏執一端的文壇陋識。第三，啟發後學，《箚記》中的許多觀點影響很大，其中某些論斷已成為後代「龍學」研究的起點，「風骨」最為典型。黃侃將「風骨」釋為「風即文意，骨即文辭」，此論一出，立刻引起了後學無休止地的爭論。「范注」認為：「風即文意，骨即文辭，黃先生之論詳矣。」〔註95〕劉永濟堅持「情思事義」說，認為「『風』者，運行流蕩之物，以喻文之情思也。」「『骨』者，樹立結構之物，以喻文之事義也。」〔註96〕宗白華在《美學散步》中認為「風骨」就是情感思想的表現：「中國古典文學理論既重視思想——表現為『骨』，又重視情感——表現為『風』。一篇有骨有風的文章就是好文章。」〔註97〕張少康「把風骨理解為文學作品中精神風貌美，風側重於指作家主觀的感情，氣質特徵在作品中的體現；骨側重於指作品客觀內容所表現的一種思想力量，而不同的思想家、文學家所說的風骨又隨著他本人的思想而有所差別。」〔註98〕童慶炳認為「風骨」是劉勰對文學作品內質美的規定，「《風骨》篇是從內質美

〔註95〕范文瀾：《文心雕龍注》（下），人民文學出版社1958年版，第516頁。
〔註96〕劉永濟：《文心雕龍校釋》，中華書局1962年版，第107頁。
〔註97〕宗白華：《美學散步》，上海人民出版社1982年版，第41頁。
〔註98〕張少康：《文心雕龍新探》，齊魯書社1987年版，第131頁。

的角度，對『情』與『辭』做出了規定。『風清』是對『情』的內質美的規定，……
『骨峻』是對辭的內質美的規定。」〔註99〕以上所舉數家在提出各自見解時，
無論從何入手，發揮多遠，都沒有離開黃侃所作的「意與辭」的規定。第四，
比較臚列。《箚記》使用比較法不多，但臚列材料則比比皆是。一是襲用舊注，
二是徵引材料，這兩條前面已述，這裡不再贅述。

〔註99〕童慶炳：《中國古代文論的現代意義》，北京師範大學出版社 2003 年版，第 206
頁。

第二章　論范文瀾的《文心雕龍注》

　　范文瀾先生的《文心雕龍注》，以其字句校讎之謹嚴，典故引證之詳細，詞語釋義之精當，材料迻錄之翔贍以及立論評說之深刻，贏得了學界的一致好評，被認為「是《文心雕龍》注釋史上劃時期的作品」。〔註1〕「范注」集前人校注之大成，奠後人注書之基石，從深度和廣度兩個方面，把《文心雕龍》的研究推上了一個新的高峰，堪稱《文心雕龍》研究史上的一座里程碑。

　　「范注」以前，《文心雕龍》校注最善，流行最廣的是清代黃叔琳的「輯注本」。「輯注本」由黃氏比對眾本，親施校勘；出典方面，又據明代梅慶生的《文心雕龍音注》和王惟儉的《文心雕龍訓故》，「重加考訂，增注什之五六」。〔註2〕可見，「黃本」是集前人校注之精華的一個善本。儘管如此，「黃本」仍然紕繆時見，疏漏甚多，給後人研究《文心雕龍》造成許多不便，學界迫切希望更好的校注本早日問世。在這種情況下，范文瀾先生力求「補苴昔賢遺漏」，重注《文心雕龍》。他一方面以「黃本」為依據，充分吸收前人的校注成果，並參以近人在《文心雕龍》校注、釋義等方面的最新收穫，真正做到了擷眾家之精華，集諸本之大成；另一方面又憑其深厚的學殖、嚴格的考證和務實的精神，在浩如煙海的文史典籍裏，剔抉爬梳、引經據典，釐正前人之繆失，補訂「黃本」之疏漏，其取材之廣、考訂之精實屬前無古人。正因為這樣，「范注」一問世，便取「黃注」而代之，成為《文心雕龍》研究

〔註1〕　戶田浩曉：《文心雕龍小史》，載王元化選編：《日本研究〈文心雕龍〉論文集》，齊魯書社1983年版。

〔註2〕　黃叔琳注、紀昀評：《文心雕龍輯注・例言》，中華書局1957年版。另，《輯注》黃序末有轟松岩附記，謂其注及評實出黃叔琳門客某甲之手，黃氏晚年悔之不及。

者的一個比較好的校注本。牟世金說：「自范注問世以後，無論中日學者，都以之爲《文心雕龍》研究的基礎」，〔註3〕事實誠然如此。

第一節 《文心雕龍注》的字句校勘

《文心雕龍》原文字句的校勘是《文心雕龍》研究中的基礎工程，也是正確解釋文義的必要前提。古語說：「書三寫，魚成魯，帝成虎」（《抱朴子內篇・遐覽》）。《文心雕龍》在長期的流傳鈔刻過程中，原文字句上出現了許多脫誤衍入之病，「別風淮雨」，時或有之，這給後人的閱讀研究造成了很大的不便。明代曹學佺在爲梅慶生寫的《文心雕龍序》中，就不無感慨地說：「《雕龍》苦無善本，患漫不可讀。」（見「凌雲套印本」）。雖然明清兩代學者於《文心雕龍》字句的校勘用力甚勤，但還不免疏漏，未厭人心。拿頗爲流行的黃叔琳校本來說，黃氏儘管「兼用眾本比對」，以「正其句字」（見「黃序」），可是只要將黃校本與「唐寫本」一對照，就會發現黃本的字句錯誤仍然相當嚴重，它亦急需加以訂正。而第一個對黃本進行全面訂正的，正是「范注」。通常，人們只強調「范注」在典故訓釋方面的貢獻，忽略它在校字上的成績。其實，「范注」對《文心雕龍》字句的校勘十分重視，全書除正文夾校外，尚有 297 條注涉及到校字。「范注」通過如此大量的字句校勘，對《文心雕龍》原文進行了有效的勘誤訂正、疏通清理工作，在很大程度上使今本《文心雕龍》通暢可讀。

一、「范注」校字的方法

校勘的基本方法主要有對校、本校、他校和理校四種。〔註4〕「范注」在校讎《文心雕龍》字句時，運用這四種方法來匡正錯誤、疏通本文，其所校字句不乏「揆之本文而協，驗之他卷而通」（《經傳釋詞・自序》）者。

（一）對校法

對校法是指用同書的其他文本來互相對校的校勘方法。「范注」用來對校的主要文本是今人趙萬里、孫蜀丞所校的唐寫本《文心雕龍殘卷》（以下簡稱「唐寫本」）。我們知道，「唐寫本」是現存最早而又最具權威性的一個本子，是《文心雕龍》字句校勘的最重要的資料。「范注」充分利用「唐寫本」——這一當時

〔註3〕 牟世金：《〈文心雕龍〉的「范注補正」》，載《社會科學戰線》1984 年第 4 期。
〔註4〕 參見陳垣：《校勘學釋例》，上海書店出版社 1997 年版。

剛發現不久的珍貴的校勘資料，訂正了今本《文心雕龍》字句中的許多錯誤。

首先，「范注」用「唐寫本」來校對今本的誤字。以《宗經》為例，列表如下：

今　本	唐寫本	范　注	附　記
其書言經	其書曰經	唐寫本作「曰」，是。	《校證》從唐寫本作「曰」。
采掇生言	采綴片言	唐寫本作「片言」，是。	《校證》從唐寫本作「片言」。
此聖人之殊致	此聖文之殊致	「聖人」，《文學志》作「聖文」，唐寫本亦作「聖文」。	《校證》據唐寫本改作「聖文」。
前修文用而未先	前修久用而未先	唐寫本「文」作「久」，是。	《拾遺》謂唐寫本作「久」是也，「文」其形誤。
紀傳銘檄	記傳盟檄	唐寫本「紀」作「記」，「銘」作「盟」，是。	《校釋》謂唐寫本是「銘」乃「盟」之音誤。
是仰山而鑄銅	是即山而鑄銅	「仰」唐寫本作「即」，是。	《校證》、《拾遺》均謂作「即」，是。
勵德樹聲	邁德樹聲	今本「邁」誤作「勵」，唐寫本不誤。	《拾遺》謂「邁」字，是。

其次，「范注」用「唐寫本」來刪補今本的衍文和脫文。《詮賦》曰：「劉向云明不歌而頌」，范注：「唐寫本劉向上有故字，是；云字衍，應刪。」此注依「唐寫本」對原句進行了刪補，今人王利器《文心雕龍校證》本據「唐寫本」將這句話校改為：「故劉嚮明不歌而頌」。再如《徵聖》：「是以子政論文，必徵於聖；稚圭勸學，必宗於經」，范注：「唐寫本作『是以論文必徵於聖，窺聖必宗於經。』趙君萬里曰：『案唐本是也，黃本依揚校，政上補子字，必宗於經句上，補稚圭勸學四字，臆說非是。』」范老主張據唐寫本刪去楊慎所補五字。後人，如劉永濟、王利器也均從范說。還有，《頌贊》曰：「風雅序人，事兼變正；頌主告神，義必純美。」范注據「唐寫本」補入兩「故」字，謂「此文宜從唐寫本作『風雅序人，故事兼變正；頌主告神，故義必純美』。」

復次，「范注」用唐寫本來糾正今本的倒置錯簡之病。例如，《徵聖》：「變通會適」，「會適」唐寫本作「適會」。范曰：「作適會是。《易·下繫辭》：『唯變所適。』韓康伯注曰：『變動貴於適時，趣捨存乎其會也。』」又如《銘箴》：「故銘者，名也。觀器必也正名，審用貴乎盛德。」范注：「唐寫本作『銘者，名也，觀器必名焉。正名審用，貴乎慎德。』」今本蓋緣《論語·子路》：「必也正名乎，」將原文「必名焉」誤作「必也正名」，又在「名」下加逗，遂成如此錯簡之病。

劉永濟、楊明照等人都認爲當依唐寫本，以「正名審用」爲句。

（二）他校法

他校法是用他書校本書的校勘方法。他書的範圍很廣，有內容相近的同類書，有數書同記一事的，有本書引用他書或他書引用本書的。「范注」對《史傳》和《指瑕》兩段話的校勘就是典型的他校法。《史傳》曰：

> 故本紀以述皇王，列傳以總侯伯，八書以鋪政體，十表以譜年爵，
> 雖殊古式，而得事序焉。

范注：「《史記》本紀十二，世家三十，列傳七十，書八，表十，共一百三十篇。本篇不言世家，恐有脫誤。疑當據班彪《史記論》作本紀以述帝王（《史記》首列《五帝本紀》，《三皇本紀》，司馬貞補撰。），世家以總公侯（《自序》謂三十輻，共一轂，此總字所取義。），列傳以錄卿士，文始完具」。《史記》中列傳所記內容與伯侯無涉，原文「列傳以總侯伯」，語不可通，顯然有脫誤。范注據史書所載來校補原文，於義甚合，後來注家一般都引范說來解釋這段話。又，《指瑕》：

> 古來文才，異世爭驅，或逸才以爽迅，或精思以纖密，而慮動難圓，
> 鮮無瑕病。陳思之文，群才之俊也；而《武帝誄》云，尊靈永蟄；《明
> 帝頌》云，聖體浮輕。浮輕有似於蝴蝶，永蟄頗疑於昆蟲，施之尊
> 極，豈其當乎？

范注：「《金樓子·立言篇》下引彥和此文，自管仲有言至不其嗤乎，茲依《金樓子》校之。」《金樓子》爲梁代蕭繹所撰，它是現存文獻中與《文心雕龍》有直接關係的最早典籍。爲便覽計，將范校幾條列表如下：

今本原文	《金樓子》引文	附　　記
文才	文士	《義證》按：「才」與下第二句復，當以作「士」爲長。
或逸才以爽迅，或精思以纖密	無此二句	
難圓	難固	《校正》：「固」疑「周」之訛。
俊	雋	《拾遺》謂：「雋」，「儁」之省，「俊」與「雋」通。
頗疑	可擬	按：「疑」，《御覽》、《藝文類聚》引文均作「擬」。
豈其當乎	不其嗤乎	《拾遺》按：《御覽》、《藝文類聚》引並與《金樓子》合。

「范注」用以他校的文獻，除了一般史籍外，主要是孫蜀丞所校的宋本及明抄本《太平御覽》。《御覽》共引《文心雕龍》四十餘條，九千八百餘字，且多與唐寫本相符，這就彌補了唐寫本殘卷的不足，爲范注校字提供了又一重要的資料。如《史傳》：「古者左史記事者，右史記言者。」《御覽》引文無後兩「者」字，范注據此曰：「『記事者』、『記言者』二者字疑衍。」查王利器《校證》本已從《御覽》刪兩「者」字，揚明照《拾遺》亦謂「兩『者』字當據《御覽》刪。」又如《詔策》：「明帝崇學，雅詔間出。安和政弛，禮閣鮮才。」《御覽》引文，「明帝」作「明章」，「安和」作「和安」，范注分別據《御覽》對今本誤字和倒置進行乙正：「《御覽》帝作章，是也；安和當作和安。」

（三）本校法

本校法是用本書校本書的校勘方法，即根據本書上下文義、相同相近的句式和相同的詞語等，校勘本書的字句錯誤。茲舉幾例如下：

《詔策》：「《周禮》曰帥氏詔工爲輕命。」范注引盧文弨・孫詒讓諸說，並加案曰：「此句與上『《詩》云有命自天，明命爲重也』對文，當依梅本作《周禮》曰師氏詔王，明詔爲輕也。輕字下命字衍文，當刪。」

《體性》：「仲宣躁銳」。范注：「案《程器篇》：仲宣輕脆以躁競。此銳疑是競字之誤。《魏志・杜襲傳》：『（王）粲性躁競。』此彥和所本。」同篇「文辭繁詭」，范云：「文辭，當作文體，與上句才性相對成文」。

《定勢》：「力止襄陵」，「襄」，王惟儉本作「壽」，范謂：「作壽陵是。本書《雜文篇》『可謂壽陵匍匐，非復邯鄲之步。』正作壽陵不誤。」

以上所校，均爲後來《文心雕龍》研究者所首肯。看來本校法確實是一種行之有效的好方法。

（四）理校法

理校法又叫推理校勘法。校勘者可以以字義音韻、語法結構、歷史制度等爲理由來訂正字句錯誤。范注也常用這種方法來校字。

《祝盟》曰：「既總碩儒之儀，亦參方士之術，」范注：「儀唐寫本作義，案當作議爲是。既總碩儒之議，亦參方士之術，謂如武帝命諸儒及方士議封禪，公玉帶上黃帝時明堂圖之類。」這裡用當時的歷史事實訂正今本及唐寫本之誤，甚有見地。故《拾遺》引范注，並加案曰：「范說是。」

《誄碑》贊辭中有一句「頹影豈戠」，「戠」唐寫本作「戢」，范注以用韻

為理由，證明唐寫本是。范曰：「本贊純用緝韻，若作忒則失韻。《禮記·緇衣》：『其儀不忒』，《釋文》：『忒一作貳。』而貳俗文又作貳，與戠形近，故戠初誤為貳，繼又誤為忒也。」《拾遺》對此句的校勘與范說完全相同。

《諧隱》：「雖抃推席」，「推」黃校本曰「疑誤」。「推席」不詞，為誤無疑。范注從詞義角度校正曰：「推當是帷字之誤，帷席，即所謂眾坐喜笑也。」後人雖然對此句的校勘也提出了一些不同意見，但仍以范校為優，所以揚明照《文心雕龍拾遺》、劉永濟《文心雕龍校釋》、牟世金《文心雕龍譯注》均從范說。

二、「范注」校字的特點

范注對《文心雕龍》字句的校勘，一方面是在廣泛吸收前人校勘成果的基礎上，進一步引典補證前說，從而使范校更有可靠性；另一方面是提出充分的理由，判斷前人校勘的是與非，從而使范校更具準確性。這兩方面合起來正好構成了范注校字的特點。

（一）擇善從優、補證前說

黃侃與陳伯弢都是范文瀾的老師，范老對兩位師長十分尊重，在注中特以「先生」稱之。然而對兩位老師的觀點，范老則本著「吾愛吾師，吾更愛真理」的科學精神，擇善而從。如《樂府》：「延年以曼聲協律，朱馬以騷體制歌。」「朱馬」，譚云：「沈校『朱』改『枚』」黃侃曰：

> 案「朱馬」為字之誤。《漢書·禮樂志》云：以李延年為協律都尉，多舉司馬相如等數十人，造為歌賦。《佞倖傳》亦云：是時上欲造樂，令司馬相如等作詩頌，延年輒承意弦歌所造詩，謂之新聲曲。據此，「朱馬」乃「司馬」之誤。〔註5〕

范注引陳先生曰：

> 「朱馬」或疑為「司馬」之誤，非是。案「朱」或是朱買臣。《漢書》本傳言買臣疾歌謳道中，後召見，言《楚辭》，帝甚說之。又《藝文志》有《買臣賦》三篇，蓋亦有歌詩，志不詳耳。

兩位師長所說，范注認為以陳先生說為優，故從之，補充曰：「謹案師說極精。買臣善言《楚辭》，彥和謂以騷體制歌，必有所見而云然。唐寫本亦作朱馬，明朱非誤字。」

〔註5〕 黃侃：《文心雕龍箚記》，中華書局 1962 年版，第 35 頁。

　　當然，范注在《文心雕龍》研究方面獲益更多的無疑是黃侃和黃氏《箚記》，僅就校字來看，范注多引《箚記》以爲說，姑舉一例以明之。《聲律》曰：「故言語者，文章神明樞機，吐納律呂，唇吻而已。」范引《箚記》曰：「文章下當脫二字。者下一豆，神明樞機四字一豆，吐納律呂四字一豆。」爲了使師說更加完善，范又補充曰：

　　　　案文章下疑脫關鍵二字，言語，謂聲音，此言聲音爲文章之關鍵，
　　　　又爲神明之樞機，聲音通暢，則文采鮮而精神爽矣。至於律呂之吐
　　　　納，須驗之唇吻，以求諧適，下贊所云吹律胸臆，調鍾唇吻，即其
　　　　義也。《神思篇》用關鍵、樞機字。

關於「文章」下是否有脫字，目前還有一些不同意見，然而范注從文句的意義方面進行疏通，言之有理，並且又以《神思》並用「關鍵」、「樞機」爲證，自然更有說服力了，所以王利器《校證》曰：「案范氏說可以，今據以補正。」牟世金《譯注》亦曰：「譯文以范說爲主。」

　　另外，范注還常引用紀評校字，但當紀氏校字不足爲憑時，則棄而從優。《諸子》曰：「而戰伐所記者也。」紀校：「戰伐當作戰國。」「伐」係誤字，范校：「黃云：案馮本代係校增。鈴木云：嘉靖本、梅本作代。」按紀校作「國」，於義雖通，但他既未提出版本依據，又未列出《文心雕龍》本證，故范氏棄而不從，而另引孫詒讓《札迻》校曰：「戰伐元本作戰代。（馮本、活字本並用。）案，元本是也。《銘箴》、《養氣》、《才略》三篇，並有戰代之交。」顯然，同紀校相比，孫校爲優，故范氏從之。

　　紀評校字多係主觀臆說，其所校之字非是，自然要加以訂正；即使其所校之字是正確的，亦需進一步提出證據，方能令人信服。范注在「龍學」研究史上首先對紀氏校字作了補正。如《封禪》曰：「錄圖曰……」。范注：「紀評曰：『錄當作綠』。案本書《正緯篇》堯造綠圖，昌制丹書。』綠圖與丹書對文，嘉靖本作綠，是。」這裡把對校法和本校法結合起來，補充紀說，對後人校字影響很大，揚明照在補充紀評時，引典取證同范注如出一轍。又如，《議對》有言：「及陸機斷議，亦有鋒穎，而諛辭弗剪，頗累文骨」。「諛」，范校：「孫云：《御覽》作腴。」注中又引紀曰：「諛當作腴」，並補充說：「士衡撰文，每失繁富，下云頗累文骨，其作腴者是也。」顯然，范注從《御覽》引文和陸機爲文的特點以及《文心雕龍》上下文聯繫三方面爲紀氏校字提供了全面的論據，遂使紀校成爲定讞。」

（二）判是定非，確立正字

王利器說：「搞校勘工作的任務，不僅在求異同，而是要定是非。」〔註6〕范注十分注意判是定非，對各本的字句是非，詳加評定，以確立正字，從而大大方便了讀者。

前面說過，「唐寫本」殘卷是《文心雕龍》重要的校勘資料，然而「唐寫本」也有字句錯誤，張舜徽曾考證過《說文解字》唐寫本殘卷，指明其中有衍字、脫字、訛體、倒文等。〔註7〕范注在校勘中，對《文心雕龍》唐寫本中的正確字句，便判曰「是」，而對其中的錯誤字句，則判爲「誤」。我們舉《辯騷》爲例，列表如下：

今　本	唐　寫　本	范　注
可謂兼之	可謂	唐寫本「可謂」下無「兼之」，誤。
稱湯武之祗敬	稱禹湯之祗敬	據《離騷》應作「湯禹」。
亦自鑄偉辭	亦自鑄緯辭	唐寫本「偉」作「緯」，誤。
體慢於三代，而風雅於戰國	體憲於三國，而風雜於戰國	「體慢」應據唐寫本作「體憲」，「風雅」亦應據唐寫本作「風雜」。
《招魂》、《招隱》	《招魂》、《大招》	《招隱》唐寫本作《大招》，是。
壯志煙高	壯采煙高	「壯志」唐寫寫本作「壯采」，是。

《文心雕龍》版本既多，校者亦眾，對前人他校，范注也盡可能地判定是非，例證如下：（一）《諸子》：「兩漢以後，體勢漫弱」。范注：「體勢漫弱，譚獻校本改漫作浸。案譚改是也。」（二）《頌贊》：「贊者，明也，助也。」范注：「譚獻校云：『案《御覽》有助也二字，黃本從之，似不必有。』案譚說非。唐寫本亦有助也二字。下文『並颺言以明事，嗟歎以助辭。』即承此言爲說，正當補助也二字。」（三）《隱秀》：「非研慮之所求也。」「求」，黃校：「元作果，謝改。」范注：「案果疑課字壞文，本書《才略篇》『多役才而不課學。』即與此同義。陸機《文賦》『課虛無以責有，叩寂寞而求音。』則課亦有責求義，謝氏臆改非是。」（四）《詔策》：「及制誥嚴助」。黃云：「誥當作詔。」范注曰：「黃校誥作詔，是也。」

以上從「范注」校字的方法和特點兩方面，分析了范氏對《文心雕龍》字句校勘的大致情況。從中可以看出范注以嚴謹細緻的校字作風，對《文心

〔註6〕 王利器：《文心雕龍校證・序錄》，上海古籍出版社 1980 年版。
〔註7〕 張舜徽：《廣校讎略》，中華書局版 1963 年版，第 94 頁。

雕龍》全書進行了全面的校讎疏證，其所校字句，大多理由充分，論證有力，深爲後人贊同。從《文心雕龍》校勘史上看，「范注」校字，上補清人黃叔琳的疏漏，下啓今人楊明照、王利器等人精審，具有承前啓後、繼往開來的關鍵作用。

第二節　《文心雕龍注》的典故引證

對《文心雕龍》原文意義的愜恰理解，既離不開精確的文字校勘，又離不開可靠的典故徵引。眾所週知，「范注」正是以徵引典故爲主，對《文心雕龍》原文作了全面、詳細的用典考證，提供了豐富、翔實的語源材料，爲讀者正確理解原文含義提供了堅實的基礎。

據《宋史·藝文志》記載，《文心雕龍》早在宋代就有辛處信的注本，可惜早已亡佚。現存最早的注本是明代梅慶生的《音註》和王惟儉的《訓故》，清代黃叔琳就是以梅、王二人的注本爲基礎，重新增補，而成《文心雕龍輯注》。《輯注》在名物訓詁、故實徵引方面雖有總結前人之功，但與「范注」相比，則顯得功底不厚。首先，其徵引典故不夠詳細，許多重要的典故未加引證；其次，其所舉典故有失精確，所引材料多數未經嚴格考證；再次，其徵舉典故過於簡略，多數只有寥寥數語，不足以說明原文的來龍去脈。《輯注》的這些不足，雖經李詳「補正」而稍見精審，但還遠不能令人滿意。直到有了「范注」，才以詳細的引證、嚴格的考證，彌補了《輯注》的缺陷。在《文心雕龍》注釋史上，「范注」的典故徵用不僅是前無古人，而且也是後無來者的。時至今日，牟世金仍然說：《文心雕龍》「注釋方面當然首推範本」。〔註8〕這是符合實際情況的公見之論。

一、「范注」徵引典故的方法

范老受業於自稱只信奉「毛爺爺」（指毛亨）的音韻學大師黃侃，由於師承關係，他的治學態度和方法極爲嚴謹。他在《文心雕龍》典故引證、詞語討求上所表現的重源流、尚考據、詳材料、善辯別的求眞務實的精神和方法，正是對乾嘉的崇古精神和考據方法的直接繼承。這裡我們從三個方面來具體

〔註8〕　牟世金：《〈文心雕龍〉研究的回顧與展望》，載《文心雕龍學刊》第二輯，齊魯書社 1984 年版。

分析一下「范注」徵引典故的方法。

（一）溯源討流法

「范注」在《文心雕龍》詞語出處上，每每運用溯源討流法，即一方面引經據典，說明《文心雕龍》之言的出處，注明何者爲彥和所本；另一方面又細心考察，指出何者爲後人本彥和以爲說，闡述《文心雕龍》在歷史上的影響。這裡先就「溯源」方面試舉數例：

（1）《明詩》：「王徐應劉，望路而爭驅」。黃注只引典證明前一句，而范注則先引《魏志·王粲傳》爲前句所本，再引曹丕《典論·論文》：「斯七子者，於學無所遺，於辭無所假，咸以自騁驥騄於千里，仰齊足而並驅。」指明：「彥和望路而爭驅語本此。」

（2）《史傳》：「自史漢以下，莫有準的。」范注：「班彪論《史記》，謂其細意委曲，條例不經。范曄謂班氏最有高名，既任情無例，不可甲乙辨。彥和之說本此。然《史》、《漢》一爲通史，一爲斷代，皆正史不祧之祖。後之撰史者，無能踰其軌範，所謂莫有準的，特以比《春秋》經傳爲不足耳。」范老是史學權威，此注不僅徵引精確，評說也能切中肯綮。

（3）《諸子》贊辭言：「辨雕萬物」。范注：「《莊子·天道篇》『辯雖雕萬物不自說也！此彥和所本。《情采篇》亦引此文。」

（4）《議對》開篇曰：「周爰咨謀」。范注：「《詩·大雅·綿》『爰始爰謀。』《箋》云『於是始與圖人之從已者謀。』又『周爰執事。』《箋》云『於是從西方而往東之人。皆於周執事競出力也。』周爰咨謀語本此。」

下面再就「討流」方面亦舉例加以說明：

（1）據現存史料，《文心雕龍》到唐代始產生較大影響。唐初孔穎達等奉敕撰五經正義，在注中常引《文心雕龍》以爲說。對此范注特予指明。《正緯》有言：「篇條滋蔓，必假孔氏，通儒討核，謂起哀平」。范引《尚書序·正義》曰：「緯文鄙近，不出聖人，前賢共疑，有所不取，通人考正，僞起哀平。」並注曰：「《正義》之文，蓋本彥和。唐寫本作謂僞起哀平，語意最明。」此外，《檄稱》注9、《書記》注33以及下篇諸篇注中也分別指出了孔穎達借《文心雕龍》之言而爲說。茲不詳舉。

（2）唐代受《文心雕龍》影響最大的恐怕要算是劉知幾的《史通》。早在明代，胡應麟就曾說：「《史通》之爲書，其文劉勰也，而藻繪弗如」（《少室山房筆叢·史書占畢一》）。但是，比較詳細地說明《史通》在哪些方面繼

承和發展了《文心雕龍》，劉知幾是如何本《文心雕龍》以爲說的，則是「范注」。范老在《史傳》題注中，反駁紀評所謂「此篇文句特煩，而約略依稀，無甚高論」的觀點，特爲指明：

> 《史通》專論史學，自必條舉細目；《文心》上篇總論文體，提挈綱要，體大事繁，自不能如《史通》之周密。然如《史通》首列《六家篇》（《尚書》家、《春秋》家、《左傳》家、《國語》家、《史記》家、《漢書》家），特重《左傳》《漢書》二家，《文心》詳論《左傳》、《史》《漢》，其同一也；《史通》推揚二體，（編年體、紀傳體）言其利弊，《文心》亦確指其短長，其同二也；至於煩略之故，貴信之論，皆子玄書中精義，而彥和已開其先河，安在其爲敷衍充數乎？至如《浮詞篇》，夫人樞機之發至章句獲全，並《文心》之辭句亦擬之矣。

接著，范老又在本篇注 12、41、42、43、46、49 中，逐一指出了《史通》對《文心雕龍》的繼承、發展之處，爲後人進一步研究《史通》與《文心雕龍》的關係，指明了路津。

（3）宋代以後（除元代），《文心雕龍》的影響愈來愈大，援引採擷者不斷增多，「范注」不可能一一辨說，然於其中重要者，也仍有說明。例如，在《章表》和《書記》篇注中，范老又指出了王應麟、章太炎對《文心雕龍》之說的繼承。《章表》曰：「降及七國，未變古式，言事於主，皆稱上書。」范注：「王應麟《考證》曰：『七國未變古式，言事於王，皆稱上書；秦初，改書曰奏。』案王氏說本《文心》此篇。」《書記》注 32 又說：「彥和之意，書記有廣狹二義。自狹義言之，則已如上文所論。自廣義言之，則凡書之於簡牘，記之以表志意者，片言隻句，皆得稱爲書記。章太炎本此而更擴充之作《文學總略》篇，可參閱。」

（二）羅列比較法

黃注徵引典故，多僅舉孤證，且不加辨說。而范注則善於羅列諸說，並進行比較研究，以探明劉勰之語採自何說。《樂府》：「情感七始」。范先引《漢書·律曆志》上：「七者，天地四時人之始也。順以歌詠五常之言。」又引《禮樂志·安世房中歌》：「七始華始，肅倡和聲。」孟康曰：「七始，天地四時人之始；華始，萬物英華之始也。」再引《尚書大傳》：「七始，天統也。」鄭注：「七始：黃鍾、林鍾、大簇、南呂、姑洗、應鍾、蕤賓也。」最後加按語，明確指出：「彥和此文用《今文尚書》說。」

　　再看，《徵聖》：「四象精義以曲隱」一句的用典，黃注、范注同引《周易‧繫辭》上：「易有四象，所以示也。」然而，「四象」爲何，易學史上眾說紛紜，劉勰所採用的究竟是哪一家的說法呢？黃注引朱熹《周易本義》對「四象」的解釋：「四象謂陰陽老少」。對此，紀評反駁道：「彥和之時，尚不以陰陽老少爲四象，此眞郢書而燕說矣。」紀評所說甚是，所以范注另引孔穎達《周易正義》中所引莊氏之說爲用典的出處：「四象謂六十四卦之中，有實象，有假象，有義象，有用意，爲四象也。」並且又以《原道》：「乾坤兩位，獨制文言」亦用莊氏說爲理由，從而證明「四象精義以曲隱」，即採自莊氏之說。

　　此外，《明詩》曰：「詩者，持也，持人情性。」范注徵引《詩譜序正義》曰：

> 　　名爲詩者，《内則》說負子之禮云「詩負之。」注云「詩之言承也。」
> 《春秋說題辭》云「詩之爲言志也。」《詩緯‧含神霧》云「詩者，
> 持也。」然則詩有三訓：承也，志也，持也。作者承君政之善惡，
> 述己志而作詩，爲詩所以持人之行，使不失隊，故一名而三訓也。

以上列舉三說，范氏指明：「彥和訓詩爲持，用《含神霧》說。」

　　《哀弔》：「必施夭昏」，范引《左傳‧昭公十九年》：「子產曰，寡君之二三臣箚瘥夭昏。」杜預注：「大疫曰箚，小疫曰瘥，短折曰夭，未名曰昏。」《周語》下：「靈王二十二年，太子晉曰，然則無夭昏箚瘥之憂，而無饑寒乏匱之患。」韋昭注曰：「短折曰夭，狂惑曰昏，疫死曰箚，瘥，病也。」范注指明：「韋解昏曰狂惑，是別一義，彥和取杜預說也。」

（三）辨明所指法

　　《文心雕龍》是一部用駢文寫成的概括性很強的文學理論著作，由於理論的需要和文體的限制，劉勰在書中對一些具體的人物、作品或事件，只能時而簡單地提及，時而隱約地暗示，時而象徵地借代。爲了使讀者能夠準確地理解原文，「范注」在名物訓詁、徵引典故時，又常常運用辨明所指法，明白地說明《文心雕龍》之言的出處。

　　《辨騷》曰：「自九懷以下，遽躡其迹」，范注先引晁公武《郡齋讀書志‧楚辭類‧楚辭釋文》跋和洪興祖《楚辭章句補注》，然後說：「據此，彥和所云《九懷》（王褒作）以下，當指東方朔《七諫》、劉向《九歎》、嚴忌《哀時命》、賈誼《惜誓》、王逸《九思》諸篇。」——此爲辨明彥和之言所據何書。

《史傳》曰:「比堯稱典,則位雜中賢;法孔題經,則文非元聖。」范注:「位雜中賢,謂後世帝王不皆賢聖;文非元聖,謂遷不敢比《春秋經》,《自序》所謂『述故事整齊其世傳,非所謂作也,而君(君謂壺遂)比之於《春秋》,謬矣!』是也。」另,《奏啓》:「獻典儀」,范引《漢書・賈誼傳》:「誼以爲漢興二十餘年,天下和洽,宜當改正朔,易服色制度,定官名,興禮樂。乃草具其儀法,色上黃,數用五,爲官名,悉更奏之。」並謂此「即彥和所云獻典儀」。——此爲辨明彥和之言所指何事。

《哀弔》曰:「或驕貴而殞身,或狷忿以乖道,或有志而無時,或美才而兼累。」范注:「驕貴殞身,謂如二世;狷忿乖道,謂如屈原;有志無時,謂如張衡;美才兼累,謂如魏武。」——此爲辨明彥和之言所指何人。

《章表》曰:「章表之目,蓋取諸此也。」范注:「取諸此,此,指『赤白曰章,揆景曰表』二物。」——此爲辨明彥和之言所指何物。

二、「范注」徵引典故的特點

「范注」徵引典故與前人注本相比,較詳細,具有準確性和通俗性等特點。這些特點表明,「范注」既在補充前人徵引之略,糾正前人徵引之誤方面作出了重要貢獻;又在跳出前人以本文注本文的窠臼,使《文心雕龍》徵引典故通俗化方面作出了可貴的探索。

(一)詳細性

斯波六郎在《文心雕龍范注補正・例言》中說:「范氏之典故引證,皆甚詳細,並及讀者習見之語句,故意略其典故之出處者甚少」。《文心雕龍》體大思精、取材浩博,范注於有關正文,逐條列舉,甚爲詳細。如果說明清兩代的《文心雕龍》注本,還只能算是簡注的話,那麼「范注」則是《文心雕龍》注釋史第一部名符其實的詳注。從《原道》來看,《黃注》典故引證只有二十七條,象「文之爲德」、「垂天之象」、「理地之形」、「吐曜」、「含章」等基本的、重要的詞語典故均未引證,而「范注」則對這些詞語依次一一出典,甚至連篇題也不放過。這種出典的詳細性,只要將「范注」本與他以前的其他注本一比較,就自然可見,這裡無須多言。

(二)準確性

「范注」《例言》曾謂黃注「頗有紕繆,未厭人心」。爲了求得徵引典故

的準確性，「范注」嚴格考證了有關文獻，細心糾正了前人錯誤，並詳細注明了引文出處。

范注徵引典故的準確性，首先表現在對文獻的考證上。通過對有關文獻的考證，范注為讀者提供了精確的語源材料。例如，對《宗經》：「詩列四始」一句的典故出處，范注引《毛詩序》曰：

> 是以一國之事，繫一人之本，謂之風。言天下之事，形四方之風，謂之雅。雅者正也，言王政之所由廢興也。政有小大，故有小雅焉，有大雅焉。頌者，美盛德之形容，以其成功告於神明者也。是謂四始，詩之至也。

又加案曰：「四始之義，當以此為準。其《史記·孔子世家》之『《關雎》之亂，以為風始，《鹿鳴》為小雅始，《文王》為大雅始，《清廟》為頌始。』《詩·大雅·正義》所引《汜歷樞》『《大明》在亥，水始也；《四牡》在寅，木始也；《嘉魚》在已，火始也；《鴻雁》在申，金始也。』皆今文家說，不足據。」按范注此說甚確，《頌贊》有「四始之至，頌居其極」之說，即是以《頌》為四始之一，可見彥和「詩列四始」，語本《毛詩序》。後來《文心雕龍》注家多採范說，以《毛詩序》注「詩列四始」，而黃注此句徵引兩說，均為今文家說，故後人不從。

再如，《辨騷》：「昔漢武愛騷，而淮南作傳」。舊注為此二語徵引典故，一般只引《漢書·淮南王傳》：「淮南王安入朝，獻所作，《內篇》新出，上愛祕之。使為《離騷傳》，旦受詔，日食時上。」然而《神思》又說：「淮南崇朝而賦騷」。《漢紀·武帝紀》也說：「上使安作《離騷賦》，且受詔，日食時畢。」一處說傳，一處說賦，雖然前後矛盾，卻又各有所據，究竟是怎麼回事？范注對此予以考證，他先引王念孫說：

> 傳當作傳，傳與賦古字通。使為《離騷傳》者，使約其大旨而為之賦也。（《讀書雜誌·漢書·離騷傳》）

又引楊樹達說：

> 古人所謂傳者有二體：解釋文字名字，若毛公之於詩，此一體也；其他一體，則但記述作意，而不必解釋文字名物。（《讀漢書箚記》卷四）

綜合二說，范氏曰：「疑淮南實為《離騷》作傳，略舉其訓詁，而《國風》好色而不淫云云，是安所傳之敘文。班固謂淮南王安敘《離騷傳》，是其證。東京以來，漢書傳本有作傳者，有作傳者，彥和兩采而用之耳。」照我看，到

目前為止，恐怕也只能說范說是一種最恰當的解說，所以後人一直沿用。王利器《校證》在《神思》注 7 中說：「蓋此事自來兩傳，故彥和兼用之也。」牟世金《譯注》在《辨騷》注 8 中也說：「劉勰對它們似乎同樣採用。」這裡說的「此事」、「它們」均指「傳」和「賦」。

其次，「范注」徵引典故的準確性還表現在對前人徵引錯誤的糾正上。《議對》：「司馬芝之議貨錢」。范曰：「黃注引《司馬芝傳》，今傳無其文，蓋妄引也。」接著引《晉書·食貨志》，並案曰：「芝議可見者僅此數言而已。」《樂府》：「張華新篇，亦充庭萬。」范注：「張華作《四廂樂歌》十六首，《晉凱歌》二首。黃注但舉《舞歌》非也。」

復次，范注出典重視引文出處，這也是其準確性的一種表現。「范注」《例言》四說：「凡有徵引，必詳記著書人姓氏及書名卷數。」引文出處是否詳細、準確，直接關係到徵引的精確性，但前人在這方面做的並不理想。如《徵聖》：「五例微辭以婉晦」。黃注：「《春秋序》為例之情有五：一曰微而顯，二曰志而晦，三曰婉而成章；四曰盡而不汙，五曰懲惡而勸善。」紀評：「此杜預《春秋傳序》，不可謂之《春秋序》。」范注引杜預《春秋左氏傳序》為證，較紀說更為詳細精確。再如，《詮賦》范注 6 引紀評曰：「……顏延年《宋郊祀歌》：『俯受敷錫，宅中拓宇。』李善注引《漢書》虞詡曰：『先帝開拓土宇。』」范案：「李注引范曄《後漢書·虞詡傳》，紀評誤脫『後』字。」還有，《檄移》注 21 范引黃注：「按《成都王穎傳》『……陸機至洛，與成都王戎曰……』云云。」然後加案語：「陸機至洛與《成都王戎》，《晉書》成都王穎、陸機二傳皆不載，引見《藝文類聚》五十九。黃注微誤。」

（三）通俗性

范文瀾注《文心雕龍》時，傳統的文言文已經被白話文所代替，為了適應社會文化的變化，照顧廣大的讀者，范注就不能再侷限於前人以經注經，引典證典的注釋方法，而必須有所突破，盡可能地使注釋通俗化。為了做到這一點，范注徵引典故採取了兩個辦法，一是在引經據典時，儘量再引一些傳、注、箋、疏之類的訓詁性文字，以助人們看懂引文。如《議對》曰：「動先擬議，明用稽疑。」對前一句，范注先引《周易·繫辭》：「擬之而後言，議之而後動，擬議以成其變化。」再引韓注曰：「擬議以動，則盡變化之道。」對於後一句，范注又先引《尚書·洪範》：「次七曰明用稽疑。」再引《傳》曰：「明用卜筮考疑之事。」再如，《情采》贊曰：「吳錦好諭，舜英徒豔。」范注：「《詩·鄭風·有

女同車》：『有女同行，顏如舜英。』《毛傳》：『舜，木槿也。英，猶華也。』陸璣《草木疏》曰：『舜，一名木槿，今朝生暮落者是也。』」

　　另一個辦法是更進一步在一些訓詁性文字之後，附以自己的通俗解說，使引文更加明白易懂。請看下面的例子，《封禪》注 12：

> 《漢書・武帝紀》：「元封元年夏四月癸卯，登封泰山。詔曰：『遂登封泰山，至於梁父，然後升檀肅然。』」服虔曰：「肅然，山名也，在梁父。」《後漢書・光武紀》：「中元元年春二月辛卯，柴，望岱宗，登封泰山。甲午，禪於梁父。」凡封泰山，必禪梁父，此云孝武禪號，光武巡封，互文耳。

《奏啓》注 4：

> 《漢書・蘇武傳》：「數疏光過失。」注：「謂條錄之。」《杜周傳》：「疏爲令。」注：「謂分條也。」《楊雄傳》：「獨可抗疏。」注：「疏條其事而言之。」陳情敘事，必有條理，故奏亦稱上疏。

這裡，范注均以自己的話對引文作了簡潔、明了的揭示，並與《文心雕龍》本文緊密聯繫，這是范注爲《文心雕龍》徵引典故通俗化所作的一種努力，也是范注在今天仍然能成爲一個普及本的重要原因。

　　在對「范注」徵引典故的方法和特點作了如上分析之後，還想強調一下，「范注」本以徵引典故爲主體，這是「范注」與它以前及以後的注本相比都具有自己鮮明個性的一個重要原因。它以自己獨特的方法和鮮明的特點，在《文心雕龍》典故討求上樹起了一座豐碑，爲後來的《文心雕龍》注家開闢了寬廣的道路，提供了豐富的材料。因此，可以毫不誇張地說，解放後出版的《文心雕龍》注本，大都是在「范注」的基礎上寫成的。

第三節　《文心雕龍注》的詞語釋義

　　校勘字句、徵引典故是《文心雕龍》注釋的基礎，要有效地幫助讀者理解原著，還必須重視對原文詞語的釋義工作。詞語釋義即使在今天也仍然是一項急需加強的工作，牟世金曾呼籲：「在注釋上，更大量的工作還是對一般字句的注解。」〔註 9〕范老早在二三十年代就充分意識到了這一點，並把詞語釋義作爲自己注釋《文心雕龍》的一個重要內容，他在《例言》中說：「昔人頗譏李善

〔註 9〕　牟世金：《〈文心雕龍〉的「范注補正」》，載《社會科學戰線》1984 年第 4 期。

注《文選》，釋事而忘意。《文心》為論文之作，更貴探求作意，究極微旨。」

一、「范注」釋義的方法

范老在探求《文心雕龍》之書的「作意」，究極彥和之語的「微旨」時，運用了「原文互釋」、「引文注釋」和「直接解釋」等釋義方法，下面就對這三種方法逐一進行例說。

（一）原文互釋法

原文互釋法是指范注用《文心雕龍》之語釋《文心雕龍》之義。《文心雕龍》前後文之間常有互相發明之處，抓住這些互相發明的詞語進行釋義，不僅可以節省筆墨，而且還能揭示前後文之間的關聯性，幫助讀者從整體上理解文義。如《原道》注 4 對「與天地並生」一句的解釋：「下文云：『人文之元，肇自太極』，故曰與天地並生。」太極生兩儀而產生天地，同樣，人文也本源於太極，所以太極在衍生天地的同時也就創造了文，這就是劉勰說的「文之為德，與天地並生」的意思。范老在用原文互釋法進行釋義時，更多的還是抓住前後篇之間互相發明的詞語：

> 《誄碑》：「潘岳構意，專師孝山，巧於序悲，易入新切，所以隔代相望，能征厥聲者也。」

范注：「本書《才略篇》云：『潘岳敏給，辭旨和暢；鍾美於《西征》，賈餘於哀誄』，與此同意。」

> 《風骨》：「然文術多門，各適所好，明者弗授，學者弗師。」

范注：「『明者弗受，學者弗師』，即《神思篇》所云『伊摯不能言鼎，輪扁不能語斤。』」

> 《通變》：「及楚之騷，矩式周人；漢之賦頌，影寫楚世；魏之策制，顧慕漢風；晉之辭章，瞻望魏采。」

范注：「楚騷，古詩之流，故曰矩式周人。《時序篇》曰：『爰自漢室，迄至成哀，雖世漸百齡，辭人九變，而大抵所歸，祖述《楚辭》，靈均餘影，於是乎在！』」

（二）引文釋義法

范老博覽群書，通曉經史，故「范注」時引經史子集之言以釋義。如《詔策》曰：「降及七國，並稱曰令。令者，使也。」范注引文釋義如下：

> 《説文》:「命,使也。」「令,發號也。」《漢書·東方朔傳》:「令者,命也。」《賈子·禮容語》下:「命者,制令也。」戴侗《六書故》曰:「命者,令之物也。令出於口,成而不可易之謂命。秦始皇改令曰詔,命曰制,即詔與制,可以見命令之分。」朱駿聲《通訓定聲》云:「按在事爲令,在言爲命,散文則通,對文則別。」

如此廣博引,把「命」與「令」之義解釋得透徹淋漓。有時范注嫌引文釋義不夠通俗或全面,就在引文之後稍加案語,以助釋義。例如,釋《徵聖》「鑒周日月」范曰:「《易·上繫辭》『陰陽之義配日月』。鑒周日月,猶言窮極陰陽之道。」釋《明詩》「六義環深」,范曰:「《左傳》昭十六年傳,杜注:『環,周也』。六義環深,猶言六義周密而深厚。」

另外,范老對古代文論中的一些可與《文心雕龍》之義相發明的精闢論述,以及近現代學者關於《文心雕龍》之說的獨到見解,也競相採用,藉以釋義。誠如他自己所說:「古來賢哲,至多善言,隨宜錄入,可資發明。」(見《例言》)這裡特別值得一提的是,范注引黃侃《箚記》以釋義的例子特別多,尤其是在《文心雕龍》創作論部分,更是多次大段地引錄《箚記》。我們知道,《箚記》是我國《文心雕龍》研究中的第一部專著,黃氏對《文心雕龍》詞語的疏解,頗多卓見,影響甚大。范老弘揚師說,取其精妙之論以釋義,爲「范注」增色不少。

(三)直接解釋法

范注釋義的另一個方法就是完全用自己的話直接解釋詞義,分析詞語之間的內在聯繫。《神思》曰:「積學以儲寶,酌理以富才,研閱以窮照,馴致以懌辭。」范注解釋爲:

> 此四語極有倫序,虛靜之至,心乃空明。於是稟經酌緯,追騷稽史,貫穿百氏,泛濫眾體,巨鼎細珠,莫非珍寶。然聖經之外,後世撰述,每雜邪曲,宜斟酌於周孔之理,辯析於毫釐之間,才富而正,始稱妙才。才既富矣,理既明矣,而理之蓄蘊,窮深極高,非淺測所得盡,故精研積閱,以窮其幽微。及其耳目有沿,將發辭令,理潛胸臆,自然感應。若關鍵方塞而苦欲搜索,所謂理翳翳而愈伏,思乙乙其若抽,傷神勞情,豈復中用。

這就不僅解釋了上面四句的一般意義,而且揭示了四者之間的內在必然聯繫,對讀者全面、準確地理解原文之義裨益匪淺。

《風骨》注 11 釋「風」與「骨」的關係曰：

> 風骨並善，固是高文；若不能兼，寧使骨勁，慎勿肌豐；瘠義肥辭，
> 所不取也。故下文云「並重氣之旨」，又云「鷙集翰林，雉竄文囿。」

注中聯繫上下文辯析了「骨勁」與「肌豐」，事義與辭藻之間的輕重緩急；若
與注 9 參看，意思更明瞭。注 9 曰：「潘文規範典誥，辭至雅重，為《九錫文》
之首選，其事鄙悖而文足稱者，練於骨之功也。」

對《通變》：「憑情以會通，負氣以適變」，范釋曰：

> 竊案：「憑情以會通，負氣以適變」二語，尤為通變之要本。蓋必情
> 真氣盛，骨力峻茂，言人不厭其言，然後故實新聲，皆為我用；若
> 情罟氣失，效今固不可，擬古亦取憎也。

這裡把通變與主體的情志、氣力聯繫起來解釋，通過對關鍵字語的分析來揭
示全篇主旨，甚為精妙。

二、「范注」釋義的價值

「范注」釋義簡潔明瞭，不乏深刻之處。其中許多精到的釋義，準確地
揭示了《文心雕龍》詞語的含義，切理厭心，富於啟迪，對後人研究《文心
雕龍》也具有重要的參考借鑒價值。茲舉幾例，略作說明。

《論說》有「自《論語》已前，經無論字」之說。對這兩句的意思，前
人多有誤解；范氏列示：

> 《困學紀聞》十七：「《文心雕龍》云：『《論語》以前，經無論字。』
> 晁子止云：不知《書》有論道經邦。」

> 紀評云：「觀此知《古文尚書》梁時尚不行於世，故不引論道經邦之
> 文，然《周禮》卻有論字。」

對以上諸說，范注更正曰：

> 案諸家皆誤會彥和語意，遂率斷為疏漏；其實，「《論語》以前，經
> 無論字」，非謂經書中不見論字，乃謂經書無以論為名者也。上文云
> 「群論立名」，下文云「六韜二論」，皆指書名、篇名言之。

范注釋義，有理有據，一掃前人臆說，為劉勰正了名。後來《文心雕龍》的
諸多注、譯本，在注釋、翻譯這兩句話時，基本上都從范說。

《體性》篇，范注對「八體」的解釋也頗為精到。劉勰在篇中總論「八
體」之後，又列舉了十二位代表作家，每體以二人作證（「新奇」、「輕靡」二

體未列），但劉氏並不是依八體次第來列舉的，因而十二位作家各屬哪一體，要靠讀者在閱讀中細心體會，由於「八體」中有的意義很相近，所以要準確地理解十二位作家各代表哪一體也並非易事。范注則參考《箚記》，逐條疏解，依次指出「八體」的意義、特徵、代表作家和代表作品（見下表），簡潔明瞭，易於理解，便於觀覽。後人亦多融合范說而詮釋「八體」。

八體名稱	八體意義	八體特徵	代 表 作 家	代 表 作 品
典雅	鎔式經誥 方軌儒門	義歸正直 辭取雅馴	孟堅（班固） 平子（張衡）	《典引》 《冊魏公九錫文》（潘勖）
遠奧	馥采典文 經理玄宗	理致淵深 辭采微妙	嗣宗（阮籍） 叔夜（嵇康）	《大人先生論》 《聲無哀樂論》
精約	核字省句 剖析毫釐	斷義務明 練辭務簡	賈生（賈誼） 仲宣（王粲）	《過秦論》 《登樓賦》
顯附	辭直義暢 切理厭心	言惟折中 情必曲盡	子政（劉向） 安仁（潘岳）	《諫起昌陵疏》 《閒居賦》
繁縟	博喻釀采 煒燁枝派	辭采紛披 意義稠復	子雲（揚雄） 士衡（陸機）	《甘泉賦》 《豪士賦序》
壯麗	高論宏裁 卓爍異采	陳義俊偉 措辭雄瑰	長卿（司馬相如） 公幹（劉楨）	《大人賦》 《籍田賦》（潘岳）
新奇	擯古競今 危側趣詭	詞必研新 意必矜衒		《澤蘭金鹿哀辭》（潘岳）
輕靡	浮文弱植 縹緲附俗	辭須秀蒨 意取柔靡		《蕩婦秋思賦》（梁元帝） 《玉臺新詠序》（徐陵）

再看《鎔裁》篇「范注」是怎樣解釋劉勰著名的「三準」說的：

> 此謂經營之始，心中須先歷此三層程式。首審題義何在，體應何取；次采集關於本題之材料；最後審一篇之警策應置何處。蓋篇中若無出語，則平淡不能動人，故云撮辭以舉要。始中終非指一篇之首中尾而言，彥和蓋借《左傳》文公元年語以便文詞耳。

今人一般把劉氏的「三準」說看作是貫穿整個創作過程的三個步驟，〔註10〕這似乎有悖本文原義，《文心雕龍》原文是這樣說的：

> 凡思緒初發，辭采苦雜，心非權衡，勢必輕重。是以草創鴻筆，先

〔註10〕 參見王元化：《文心雕龍創作論》，上海古籍出版社 1979 年版，第 185～189 頁；袁謇正：《劉勰「三準」論及其解釋》，載《西北大學學報》1979 年第 3 期；郭味農：《關於劉勰的三準論》，載《文學遺產增刊》第 11 輯。

標三準：履端於始，則設情以位體；舉正於中，則酌事以取類；歸
餘於終，則撮辭以舉要。然後舒華布實，獻替節文……

可見「三準」始於「思緒初發」之後，終於「舒華布實」之前，「思緒初發」
是指創作衝動，「舒華布實」是指寫作過程。彥和之意，在創作衝動之後，正
式寫作之前的經營構思階段，首先要標立「三準」，以便克服「辭采苦雜」、「異
端叢至」的弊病，促使「舒華布實」、討字研句的寫作活動的暢通。由此看來，
范注釋義切中原文，實爲彥和之知音。今人寇效信著《釋「三準」》一義，總
結諸說，提出不同看法，認爲「『三準』的適用範圍」，只能「屬於創作的構
思階段」。〔註11〕其說暗合范注，頗有說服力。

最後要說的是范注對劉勰自然創作論思想的解說。劉氏論文提倡自然天
成，反對苦思雕飾，所謂：「秉心養術，無務苦慮；含章司契，不必勞情」（《文
心雕龍‧神思》）。「並思合而自逢，非研慮之所求」（《文心雕龍‧隱秀》）。黃
侃對《文心雕龍》的「自然之道」也心領神會，他說：

《序志》篇云：「《文心》之作也，本乎道。」案彥和之意，以爲文
章本由自然生，故篇中數言自然，一則曰：「心生而言立，言立而文
明，自然之道也。」再則曰：「夫豈外飾，蓋自然耳。」三則曰：「誰
其尸之，亦神理已。」

「范注」進一步發揮師說，認爲「讀《文心》，當知崇自然、貴通變二要義；
雖謂爲全書精神可也」，〔註12〕並在創作論諸篇的注中，分別指出了劉氏「自
然之道」的文學思想在創作論中的表現，頗得《文心雕龍》自然創作論之士
旨。請看：

……夫關鍵將塞，神有遯心，雖窮搜力索何益。若能秉心養術，含
章司契，則樞機常通，萬塗競萌，正將規矩虛位，刻鏤無形，又安
見其不加經營運用之功耶！（《神思》注15）

顏和論文，最惡詭詭，此語尤極明通。蓋文之善者，情高理密，辭氣
聲調，言而有物，斯爲可貴。若思理方鬱，興象未生，宜靜居以養神，
浮覽以繹緒，非復空搖筆端，妄動喉唇所能效績。（《章句》注6）

……綜上諸因，知偶對出於自然，不必廢，亦不能廢，但去泰去甚，

〔註11〕 見《文心雕龍學刊》第二輯，齊魯書社1984年版，第241頁。
〔註12〕 范文瀾：《文心雕龍講疏‧自序》，《范文瀾全集》第三卷，河北教育出版社2002
年版，第6頁。

勿蹈纖巧割裂之弊，斯亦已耳。凡後世奇偶之議，古今之爭，皆膠柱鼓瑟，未得爲正解也。彥和云：「豈營麗辭，率然對爾；」又云：「奇偶適變，不勞經營；」此誠通論，足以釋兩家之惑矣。（《麗辭》注1）

……隱秀之於文，猶嵐翠之於山，秀句自然得之，不可強而至，隱句亦自然得之，不可搖曳而成。此本文章之妙境，學問至，自能偶遇，非可假力於做作，前人謂謝靈運詩如初日芙蕖，自然可愛，可知秀由自然也。所謂「文章本天成，妙手偶得之」，「盡日覓不得，有時還自來」，正是自然之旨。宋梅堯臣言：「含不盡之意，見於言外；狀難寫之情，如在目前。」含狀二字，即是有意爲之，非自然之致，雖與隱秀之旨略同，而似不可混。（《隱秀》注1）

……彥和論文以循自然爲原則，本篇大意，即基於此。蓋精神寓於形體之中，用思過劇，則心神昏迷。故必逍遙針勞，談笑藥倦，使形與神常有餘閒，始能用之不竭，發之常新，所謂遊刃有餘者是也。（《養氣》注2）

總之，「范注」釋義同今天一些注本相比，雖然還顯得不夠全面，但是我們應該看到，在《文心雕龍》注釋史上，正式把詞語釋義作爲注書的一個重要內容，用力解釋《文心雕龍》詞語的意義，揭示彥和之說的微旨，則以「范注」爲嚆矢。憑此開創之功，也足以說明「范注」在《文心雕龍》研究史上的重要地位。

第四節　《文心雕龍注》的材料迻錄

詳備博贍的材料迻錄是「范注」的又一重要特色。翻開「范注」，就會發現其中充斥著各類參考材料，經史子集無所不具，古代近代無所不有。僅據「范注」卷首附錄的「徵引篇目」統計就有 356 種，再加上一種數篇和一些沒有列入篇目的材料，「范注」共迻錄的參考閱讀材料多達 400 餘篇，佔據了全書的很大一部分。所以，要對「范注」進行全面研究，就不可能不論及它所迻錄的材料。

一、「范注」材料迻錄的原則

「范注」迻錄的材料大致有兩大類，一類是《文心雕龍》原文所提及的各種材料，另一類是足以與《文心雕龍》原文相發明的各種材料。對這兩類

材料，范老本著「求全」、「致用」、「便覽」的原則，博采群籍，斟酌取捨，廣爲收羅。

（一）求　全

「求全」是「范注」迻錄材料的首要原則，「范注」曰：「劉氏所引篇章，亡佚者自不可復得，若其文見存，無論習見罕遇，悉爲抄入，便省覽也。」本著這一原則，「范注」對《文心雕龍》提到的材料或與原文相關的材料，不管篇幅長的還是短的，也不管人們習見的還是罕遇的，都一併迻錄，以求其全。

從材料篇幅的長短看，「范注」迻錄的材料有長達數千言的，也有短到幾個字的。前者如《樂府》篇迻錄郭茂倩《樂府詩集》中關於十二類樂府歌辭的敘說辭，全文多達四千餘言；後者如《頌贊》據《全後漢文》輯錄的傅毅《顯宗頌》文二條，每條僅二句八字。

再從材料的習見罕遇來看，「范注」迻錄的習見材料固然不少，如《詩品》、《典論・論文》（見《明詩》、《序志》）等文論材料；《離騷》、《古詩》（十一首）（見《辨騷》、《明詩》）等作品材料。但是，「范注」也同時迻錄了許多比較罕見的材料，如何晏詩多不傳，只《詩紀》載其二首，范注則依《詩紀》錄之以備考（見《明詩》）。再如，袁宏、孫綽諸詩，傳者甚罕，范注特錄袁宏《詠史詩》二首，孫綽《秋日詩》一首以備考（同上）。

（二）致　用

「范注」迻錄材料雖然求全，但並不一味繁瑣，可以說它是寧全勿缺而不是寧濫勿缺。因爲「范注」求全之外，又有其取捨標準和致用原則。「致用」原則的總精神就是所錄材料要緊扣原文，起補充原文、爲原文服務的作用。否則便略而不錄，只交待個出處。根據致用原則，「范注」在迻錄材料時，常常採取兩個方法：一是緊扣原文，選錄有代表性的材料；一是材料繁冗不便迻錄，只取其序言以代之，這裡就以《詮賦》爲例，說明一下這兩種方法的具體運用情況。

緊扣原文，選錄材料是致用原則的突出體現。《詮賦》注7曰：「《荀子・賦篇》所載六首：《禮》、《知》、《雲》、《蠶》、《箴》，及篇末《佹詩》是也。茲錄《禮》、《知》二篇於左：……」這就扣住了原文「荀況禮智」來錄文。此外注 27 和 28 也都是如此：

> ……嚴可均《全後漢文》輯（王）粲賦有《大暑》、《遊海》、《浮淮》、《閒邪》、《出婦》、《思友》、《寡婦》、《初征》、《登樓》、《羽獵》、《酒》、《神女》、《槐樹》等賦，雖頗殘闕，然篇率道短，故彥和云然。錄其《登樓賦》一首。……

> ……《全後漢文》輯（徐）幹賦有《齊都》、《西征》、《序徵》、《哀別》、《冠》、《團扇》、《車渠椀》等賦，皆殘闕太甚，茲錄《齊都賦》一節於下，殆彥和所謂時逢壯采者歟？……

另外，要致用，就要求儉，文辭太煩，令人不得卒讀，既不便於致用，也無助於對原文的理解。據此，范注對那些文辭冗繁的文章，採取了錄其序言，以代本文的辦法。《詮賦》注 23 謂：《後漢書》班固本傳「載《兩都賦》而無序文，茲從《文選》迻錄其序，賦繁不錄。」又如注 26 謂王逸作《靈公殿賦》，「《文選》載其賦文，辭繁不錄，錄序於下。」

（三）便 覽

迻錄材料的目的就是希望人們通過閱讀這些材料而進一步理解原文，要實現這一目的，就必須考慮如何為人們閱讀材料提供方便。所以「范注」把「便覽」也作為迻錄材料的一個原則，或在材料中附錄前人的一些注釋，或選擇那些經過前人嚴格校勘的材料，以為讀者提供方便。他說：「古人文章，每多訓詁深茂，不附注釋，頗難讀解，茲為酌取舊注，附見文內，以省翻檢。」例如，《辨騷》迻錄屈原《離騷》，不僅「分段依戴震《屈原賦注》，韻依江有誥《楚辭韻讀》」，而且每段均附有段落大意，頗便讀解。又，《樂府》迻錄漢《鐃歌十八曲》，「范注」依譚儀《集解》，「略取其說注於曲名下」。還有一些材料，因年代久遠，不乏錯簡雜亂之病，「范注」為了給人們提供精確可讀的文獻材料，便儘量選錄經過前人校正的原始材料。《詮賦》注 19 曰：「《古文苑》載枚乘《兔園賦》錯脫不可理，黃先生校釋之如下：……」《論說》注 29：「曹植《辨道論》，列舉當時道士迂怪之語，辨其虛誕，義頗近正，而文實冗庸，茲據孫星衍《續古文苑》所校錄於下：……」

「求全」、「致用」和「便覽」是范注迻錄材料的三個基本原則，「求全」使范注材料翔贍，「致用」則使其材料多而不煩，「便覽」又為「致用」提供了可能性，三者相輔相成，互相配合，不可偏廢。

二、「范注」材料迻錄的價值

「范注」迻錄的豐富材料，為人們閱讀、研究《文心雕龍》提供了極大的方便，具有很高的價值。

首先，它可以減少人們的翻檢之勞。《文心雕龍》論及的作家、作品不勝枚舉，而有關這些作家、作品的材料，有些已經失傳無可考，﹝註13﹞有些僅在某些史書中留有殘迹，有些則在後人編纂的類書中存留片斷。這樣，青年學子，雖經人指點，而要想見到這些罕遇的材料也非常困難。有了「范注」，那就可以探囊取寶了。可以說，正因為有范老鈎稽典籍、搜求遺文的辛勞，才有讀者檢索、閱讀的方便。舉例來說，《明詩》注 21 從《國語‧晉語》和《漢書‧五行志》中，輯錄了劉勰所謂的「優歌」、「童謠」；《頌贊》注 17 據嚴可均《全後漢文》，迻錄了傅毅的《西征頌》佚文；又，注 31 據嚴氏《全晉文》，迻錄了郭璞的《爾雅圖贊》（《隋志》已亡）十二條：這些珍貴的佚文輯錄，對《文心雕龍》研究者和一般讀者來說都有很大的參考價值。

其次，它可以幫助人們瞭解原文的有關情況。讀者要準確、全面地理解原文，就必須對原文的有關情況，諸如原文的背景情況，作者的創作情況以及材料的存亡情況有所瞭解。「范注」迻錄的材料，在幫助讀者瞭解這些情況方面也具有重要的價值。具體來說，為了幫助人們對劉勰論述的緯書有所瞭解，范老在《正緯》題注中就迻錄了徐養原的《緯侯不起於哀平辨》和劉中叔的《國學發微》，說明緯書之起源以及東漢緯學盛行的概況。再如，《封禪》第二部分論述了封禪文的發展概況，並著重分析了漢魏作家所撰的封禪文。為了能使讀者瞭解這些作家的具體創作情況，「范注」依次迻錄了司馬相如的《封禪文》、張純的《泰山刻石文》、楊雄的《劇秦美新》和班固的《典引》，並說對另二位作家的作品，因其冗繁殘缺而不予附錄，但也詳細交待了出處。還有，《文心雕龍》所引的作家、作品，有的亡佚，有的不可考，有的僅存幾句，對這些情況，范注也在迻錄材料時有所交待。例如，《頌贊》注 15：

> 史岑《和熹鄧后頌》文佚，惟存《出師頌》，茲錄於左：……（這是《文心雕龍》所引之文已亡佚，茲錄他篇以作比較的例子。）

《哀弔》注 8：

> 偉長所作哀辭無考，茲錄曹植《行女哀辭》如下：……（這是《文

﹝註13﹞據筆者根據「范注」考證統計，《文心雕龍》提到的文章，因亡而無可考的共有 36 篇。

心雕龍》所引作家的作品已不可考，特錄他人同類作品以供參考的
例子。）

《雜文》注 25：

杜篤《連珠》，佚，《全後漢文》輯得「能離光明之顯，長吟永嘯」
十字。賈逵《連珠》，佚，《全後漢文》輯得「夫君人者不飾不美，
不足以一民」十三字……（這是《文心雕龍》引文已散失，只有片
言隻語的輯錄，故摘錄之以備查閱的例子。）

第三，它可以啓發人們對原文文義的理解。「范注」迻錄的材料中，有很
大一部分是與原文文義相互發明的，這些材料對於啓發讀者深刻地理解《文
心雕龍》原文有重要的參考價值。《論說》曰：「論也者，彌綸群言，而研精
一理者也。」范注摘錄釋慧遠《大智論鈔序》和釋僧叡《大智度論序》，謂「錄
此二節，可與彥和彌綸群言，研精一理之說互參。」又，《章句》篇末段論述
語助詞的作用，范注：「陳鱣《簡莊集》有《對策》一篇，發助語之條例最詳
備，今全錄之……」

今人對「范注」迻錄大量的材料時有責難之言，或認爲龐雜繁冗，不便
閱覽；或認爲多爲習見，無甚價值。其實，如我們所述，「范注」錄文自有其
原則，既非一味繁瑣，又非不便省覽。至於其價值，則應當歷史地看問題。
要知道，「范注」寫於二三十年代，其時各類參考材料所見不多，有許多材料
在今天看來是習見的，但在當時卻是非常罕遇的，況且「范注」錄文還做了
許多搜集、鑒別、解釋和整理的工作，其價值不是放言高論者所能否定得掉
的。材料是研究的基礎，如果說「典故引證」是「范注」取勝的一個重要原
因的話，那麼，「材料迻錄」就是「范注」取勝的又一個重要原因。從注釋史
的角度看，「范注」之所以優於古今其他注本的全部秘密，就在於它的徵引翔
實，非淺學者所可並比。

第五節　《文心雕龍注》的理論研究

「范注」在《文心雕龍》研究史上的里程碑地位，不僅表現在嚴謹的校勘、
詳細的徵引、精到的釋義和豐富的材料上，而且也表現在對《文心雕龍》的思
想、方法、體系的理論研究上和對劉勰身世的考證上，這些研究和考證大都發
前人所未發，具有重要的開創意義和深刻的理論價值，其影響至今不衰。

一、《文心雕龍》的主導思想

關於《文心雕龍》的思想傾向，「范注」以前無人問津，而這一問題又是「文心雕龍」研究中的一個重要的理論問題，它關係到人們對《文心雕龍》全書內容的認識和理解。范老率先對《文心雕龍》的思想傾向進行了概括，他說：

> 劉勰自二十三四歲起，即寓居在僧寺鑽研佛學，最後出家爲僧，是個虔誠的佛教信徒，但在《文心雕龍》（二十三四歲時寫）裏，嚴格保持儒學的立場，拒絕佛教思想混進來，就是文字上也避免用佛書中語（全書只有《論說篇》偶用「般若」、「圓通」二詞，是佛書中語），可以看出劉勰著書態度的嚴肅。〔註14〕

這段話廣爲後人引用，大家都非常熟悉。這裡只想從《文心雕龍》研究史的角度，對它的意義和價值作兩點說明。第一，范老對《文心雕龍》思想傾向的研究具有發軔之功，它刺激了後來人們對這個問題的研究興趣。范說以後，《文心雕龍》主導思想問題，一直是《文心雕龍》研究者極感興趣的一個問題，從六十年代初期至九十年代末期，研究者共發表了近百篇文章來探討《文心雕龍》的主導思想，並展開了激烈的學術爭鳴，而這些爭鳴又大多是以范說爲話題來展開論述的，它們或贊同范說，對范說進行補充、發揮；或反對范說，對范說提出異議，進行商榷。第二，經過多年的討論、研究，人們關於《文心雕龍》主導思想的意見，不僅沒有統一，反而分歧越來越大，除儒家思想主導說外，又出現了佛家思想主導說和道家思想主導說。〔註15〕儘管如此，多數研究者還是認爲，范說雖然絕對了一些，但儒家思想主導說還是符合《文心雕龍》實際的。王元化先生說，在《文心雕龍》的主導思想上，「我個人是同意《范注》儒家古文學派之說的（詳見《文心雕龍創作論》上篇）。歷來論者也多持儒家之說，直到最近始有異說出現。……我覺得要否定《文心雕龍》在思想體系上屬儒家之說，不能置原道、徵聖、宗經的觀點於不顧，不能置《宗經篇》謂儒家爲『恒

〔註14〕 范文瀾：《中國通史》第2冊，人民出版社1978年版，第530頁。

〔註15〕 馬宏山在《論文心雕龍的綱》一文中提出了「劉勰的指導思想是以佛統儒，佛儒合一」的觀點，見《中國社會科學》1980年第4期；蔡仲翔在《論劉勰的自然之道》一文中認爲：「劉勰的『自然之道』是貫串於《文心雕龍》始末的重要指導思想。『自然之道』的思想是先秦道家哲學和魏晉玄學中的精華」，見《文心雕龍學刊》第一輯，齊魯書社1983年版。詳細情況可參見本書《緒論：〈文心雕龍〉研究的回顧與反思》。

久之至道，不刊於鴻教』的最高贊詞於不顧，不能置《序志篇》作者本人所述撰《文心雕龍》的命意於不顧……」〔註16〕王氏之說是對范說價值的最好評論，它表明范說在《文心雕龍》思想研究中至今仍占主導地位。

二、《文心雕龍》的寫作方法

《文心雕龍》寫作方法的研究，長期以來未曾重視，是《文心雕龍》研究中的薄弱環節，祇是近年才有少數文章論及《文心雕龍》的寫作方法。相比之下，「范注」早在三十年代就注意到《文心雕龍》的寫作方法，並具體指出其方法受到釋書的影響，這不能不說是難能可貴的。《序志》注2曰：

> 《釋藏》卷十釋慧遠《阿毗曇心序》：「《阿毗曇心》者，三藏之要頌，詠歌之微言，管統眾經，領其會宗，故作者以心爲名焉。有出家開士，字曰法勝，淵識遠鑒，探深研機，龍潛赤澤，獨有其明。其人以爲《阿毗曇經》源流廣大，難卒尋究，非瞻智宏才，莫能畢綜。是以探其幽致，別撰斯部，始自界品，訖於問論，凡二百五十偈。以爲要解，號之曰心」。彥和精湛佛理，《文心》之作，科條分明，往古所無。自《書記》篇以上，即所謂界品也，《神思》篇以下，即所謂問論也。蓋採取釋書法式而爲之，故能觸理明晰若此。

范老雖然認爲劉勰是堅定地站在儒學立場上撰寫《文心雕龍》的，但是同時也承認劉氏淵博的佛學知識和他在寫作方法上受釋書的深刻影響。有人認爲范老在《文心雕龍》的思想與方法上的論述是自相矛盾的，其實這種矛盾是可以存在的，因爲思想與方法並非總是一致的。佛學著作以因明學爲基礎，重邏輯、重體系，這是爲當時中國論著所不及的，因而理論家拋開思想成見，「採取釋書法式」，在方法上接受佛家因明學的影響也是非常必要的。譬如，思想上與佛教相頡頏的道教，爲了擴大自己的影響，建立自己的理論體系，也不得不在方法上汲取佛教的長處，甚至道教百科全書——《道藏》，也是模彷佛教《大正藏》而編纂的。所以，劉勰本儒家思想，採釋書法式而寫作《文心雕龍》也是很自然的事。

另外，劉勰二十幾歲就住進定林寺，幫助僧祐整理佛經，校定經藏，積累了豐富的目錄學知識，這又爲他採取釋書法式而撰寫《文心雕龍》提供了

〔註16〕王元化：《〈日本研究文心雕龍論文集〉序》，見《日本研究文心雕龍論文集》，齊魯書社 1983 年版。

可能性。因為劉勰既有把佛典「區別部類」的能力，當然也就可以把這種能力移用於整理古代文論，寫成結構嚴謹、體系完備的《文心雕龍》一書。至於范老認為《文心雕龍》的寫作方法就是摹仿《阿毗曇心》，並把上篇擬為「界品」，下篇擬為「問論」，則未免過分執著。所以，香港中文大學饒宗頤先生撰文反對范說，認為《阿毗曇心論》全書十品之結構「與《文心雕龍》佈局方式全不相干，問論在最末，安得謂『《神思》篇以下即所謂問論』？可謂擬不於倫。」〔註17〕但是，饒文在反對范說過分執著的同時，又徹底否定了《文心雕龍》寫作方法與釋書體例的關係，這就從一個極端走到了另一個極端，同樣犯了絕對化的錯誤。因為《文心雕龍》寫作方法即使與《阿毗曇心》一書無關，也不能說它與所有釋書法式都無關。劉勰的目錄學知識除了來自《七略》、《漢書・藝文志》（見《諧隱》）外，也還來自釋道安的《綜理眾經目錄》等釋書。《高僧傳・道安傳》曰：

> 自漢魏迄晉，經來稍多，而傳經之人，名字弗說，後人追尋，莫測年代。安乃總集名目，表其時人，詮品新舊，撰為經錄，眾經有據，實由其功。

這裡所謂的「總集名目」（佔有一切資料，歸類總結），「表其時人」（考明譯經年代和譯經人），「詮品新舊」（評其異同，從而確定譯名內涵），對劉勰「論文敘筆」時所採取的「原始以表末」，「釋名以章義」，「選文以定篇」和「敷理以舉統」的寫作方法，不是有著明顯的影響嗎！

我覺得，對范老提出的儒家思想、釋書法式，王元化先生作了恰當的闡述，王氏之論不僅繼承了范老的觀點，而且也糾正了范老的過分執著。他說：「劉勰撰《文心雕龍》在文學觀上是恪守儒家的立場風範的。佛家的重邏輯精神，特別是在理論的體系化或系統化方面不能不對他起著潛移默化的作用。因此，祇是在他所採取的方法上可能受到佛家因明學的一定影響。逾出這個範圍，特別是在《文心雕龍》的思想內容上，是找不到佛學的重大影響的。」〔註18〕

三、《文心雕龍》的結構體系

對《文心雕龍》全書結構體系的揭示，是「范注」在《文心雕龍》研究

〔註17〕 饒宗頤：《文心與阿毗曇心》，載《中國文藝思想史論叢》第三輯，北京大學出版社1988年版。
〔註18〕 王元化：《〈日本研究文心雕龍論文集〉序》，齊魯書社1983年版。

史上的又一重大貢獻。關於《文心雕龍》一書嚴密的組織結構和完整的理論體系，前人似乎若有所悟，提出過一些零星的讚語，其中論述稍詳的要算曹學佺了。他在《文心雕龍·序》中說：

> 雕龍上二十五篇，銓次文體；下二十五篇，驅引筆術。而古今短長，時錯綜焉。其原道以心，即運思於神也；其徵聖以情，即體性於習也；宗經辨緯，存乎風雅，詮賦及餘，窮乎變通。良工苦心，可得而言。（見「凌雲套印本」）

曹氏試圖從《文心雕龍》上下篇目之間的對應關係來探討全書的結構體系，「可是稍一思量，便知他在玩弄語詞，亂加聯繫，並沒有道出劉氏的『苦心』」。〔註 19〕而真正道出彥和的「良工苦心」，全面顯示《文心雕龍》的基本結構和內在體系的則是「范注」。牟世金先生這樣說：「直到范文瀾注《文心雕龍》，在《原道》和《神思》兩篇的注中，為上下二十五篇各立一表，顯示了全書的基本結構，這就給我們探討《文心雕龍》的理論體系以重要的啟示。」〔註 20〕

關於《文心雕龍》上下篇的結構體系，范注曰：

> 《文心雕龍》上篇剖析文體，為辨章篇制之論；下篇商榷文術，為提挈綱維之言。上篇分區別圍，恢宏而明約；下篇探幽索隱，精微而暢朗。（《神思》注 1）

范注就是根據這樣的理解，為《文心雕龍》上下篇各立了一個表，這兩個表不僅揭示了全書的基本結構，而且也暗含了范老對全書理論體系的理解。下面對這兩張表分別加以說明。

（一）上篇結構體系表說明〔註 21〕

這張表體現了范老對《文心雕龍》上篇結構體系的理解，它緊緊抓住了上篇「文之樞紐」和「論文敘筆」兩個部分之間的結構關係，顯示出「總論」在全書的特殊地位和「文體論」內部的類別關係。

首先我們看「總論」部分，表中把《原道》、《徵聖》、《宗經》三篇列為縱向的一組，放在突出的位置，這無疑是抓住了問題的關鍵。因為這三篇是

〔註 19〕祖保泉：《試論楊、曹、鍾對〈文心雕龍〉的批點》，載《文心雕龍學刊》第四輯，齊魯書社 1986 年版。

〔註 20〕牟世金：《雕龍集》，中國社會科學出版社 1983 年版，第 158～159 頁。

〔註 21〕表見范文瀾：《文心雕龍注》上，人民文學出版社 1978 年版，第 4～5 頁。

「文之樞紐」的核心，是《文心雕龍》全書的總綱，表述了「道→聖→文」的關係，即理論體系。另外，表中又把《諸子》和《正緯》兩篇列為一組，放在文體論諸篇之上。《正緯》屬「文之樞紐」，列於文體論之上，理當如此。值得注意的是，表中把《諸子》也提上來，與《宗經》相併，這實屬「范注」獨創。但是這種獨創又以《文心雕龍》原文為依據。《諸子》有言：「嗟惟文友，李實孔師，聖賢並世，經子異流。」再說，將《諸子》與《宗經》並列在一起，也是為了揭示上篇內在的理論體系。因為一方面是「道沿聖以垂文，聖因文而明道」，另一方面又是「經子異流」，配經曰緯，就是說除了「道→聖→文」這一主線外，還有一條「經→子→緯」的副線，主線是一個邏輯整體，副線則是主線向橫、縱兩個方面的延伸，這種延伸的結果就是下面的各類文體。可見表中上半部分既抓住了「文之樞紐」的重點，又揭示了上篇內在的邏輯體系，能給人以很大的啟發。

表中「文體論」部分的排列有兩點需要說明，一是《辨騷》篇的位置。表中把《辨騷》列入文體論，並認為《楚辭》是「軒翥詩人之後，奮飛辭家之前」的作品，「故為文類之首」。關於《辨騷》篇到底屬於總論還是文體論，後人一直有爭議。從《序志》自述看，劉勰確實把《辨騷》歸入「文之樞紐」，不同於一般的文體論；然從《辨騷》內容看，它又主要是在論述騷體，同一般文體論沒有多少差別，所以又有人認為它兼有總論和文體論的性質。不同觀點，各有所據，恕不詳論。這裡要說的祇是牟世金先生繼承范說，多次撰文，反覆強調《辨騷》應屬於文體論而不是總論。〔註22〕牟文為范說提供了有力的論據，從中也可以看出范氏立論不凡，餘響猶在。另一點要說明的是，表中對文體論各篇的排列，分類清楚，頗有倫序。首先，表中將文體論二十篇分為「文類」、「文筆雜」和「筆類」三大部分。對此，《序志》注 19 在解釋「論文敘筆」時作了說明：「論文敘筆，謂自《明詩》至《哀弔》皆論有韻之文，《雜文》、《諧隱》二篇，或韻或不韻，故置於中，《史傳》以下，則論無韻之筆。」其次，表中在各篇之末還附言說明二十篇的次第關係，以說明文體論部分的內在邏輯聯繫。

（二）下篇結構體系表說明〔註23〕

下篇所立之表實際上祇是創作論部分的圖解，它反映了《文心雕龍》創

〔註22〕 參見牟世金：《〈文心雕龍〉理論體系初探》、《〈文心雕龍譯注〉引論》，載《雕龍集》；《關於辨騷篇的歸屬問題》，載《中州學刊》1984 年第 1 期。
〔註23〕 表見范文瀾：《文心雕龍注》下，人民文學出版社 1978 年版，第 496 頁。

作論的內在體系，也說明了范注對批評論不同於創作論的認識。王更生說：「後人研究彥和的文學創作論，卓然具有體系者，惟范文瀾先生。范氏在 1925 年成《文心雕龍講疏》，於卷六《神思》篇注（一），曾附下篇的組織表，並引孫梅《四六叢話》，贊《文心》『總括大凡，妙抉其心，五十篇之內，百代精華備矣。』」〔註24〕從《文心雕龍》理論體系方面看，這張表的價值主要表現在以下幾個方面：

第一，它以「剖情析采」為核心，抓住「情」與「采」兩條線索貫串全表。《序志》注 20 曰：「剖情析采，情指《神思》以下諸篇，采則指《聲律》以下也。」據此，表中把《體性》、《風骨》、《情采》三篇既歸屬於藝術主體的「性」、「風」（氣）、「情」，又歸屬於藝術作品的「體」、「骨」、「采」而依次相對排開；而《鎔裁》所論正是上面的主體之意與作品之辭兩方面，故表中特予標明。至於《通變》和《定勢》兩篇有些特殊，《通變》說的是如何做到「孚甲新意，雕畫奇辭」（《風骨》）的方法；《定勢》則隨《通變》所說「憑情以會通，負氣以適變」而來，告訴人們如何「因情立體，即體成勢」。因此表中把這兩篇放在情、采兩極的中間。從《聲律》到《養氣》十篇屬「采」，所以表中把它們並列在一起，隸屬於「采」下。「范注」抓住情與采兩條主線來立表，從情與采兩方面揭示創作論的理論體系，這對後人從作品的內容和形式相結合（情采）的角度來探索《文心雕龍》體系則不無啟發。牟世金先生曾說：「從《文心雕龍》全書來看，『情』和『采』的問題，可說是劉勰探討文學理論的中心問題。……『情者文之經，辭者理之緯；經正而後緯成，理定而後辭暢。』這一基本觀點是劉勰整個文學理論的一條主幹，貫穿於他的全部創作論、批評論，以及文體論之中。」〔註25〕

第二，《神思》位於創作論之首，談論的是「馭文之首術，謀篇之大端」的藝術構思問題。表中將它列在首位，箭頭所示，實有統轄整個創作論之意，這與後人對《神思》重要地位的認識若合符契。王元化先生說：「《神思篇》是《文心雕龍》創作論的總綱，幾乎統攝了創作論以下諸篇的各重要論點。」〔註26〕牟世金先生也認為：《神思》是「我們研究劉勰整個創作論體系的一把

〔註24〕 王更生：《劉彥和文學創作的理論體系》，見毛慶其選編：《臺灣學者中國文學批評論文選》，人民文學出版社 1986 年版，第 40 頁。

〔註25〕 牟世金：《雕龍集》，中國社會科學出版社 1983 年版，第 176 頁。

〔註26〕 王元化：《文心雕龍創作論》，上海古籍出版社 1979 年版，第 191 頁。

鑰匙。」〔註27〕並在《〈文心雕龍譯注〉引論》中，寫了《創作論的總綱》一節，專論《神思》。如果說王元化先生第一個撰文說明了《神思》為創作論總綱的話，那麼「范注」則首先列表顯示了《神思》作為創作論總綱的地位。

第三，表中根據對今本《物色》篇次的懷疑，而將之列於《附會》之左，隸屬創作論部分。《物色》題注曰：「本篇當移在《附會篇》之下，《總術篇》之上。蓋物色猶言聲色，即《聲律篇》以下諸篇之總名，與《附會篇》相對而統於《總術篇》，今在卷十之首，疑有誤也。」對《物色》等篇篇次的懷疑濫觴於「范注」，後來楊明照、劉永濟，尤其是郭晉稀諸先生，都對《文心雕龍》篇次提出了不同的調整意見。不管人們對范老等人的調整意見能不能接受，但有一點似乎是肯定的，即篇次的調整是著眼於內容上是否前後相承，理論上是否上下貫通，「所以，這種研究對於探討劉勰的理論體系是十分有益的」。〔註28〕

四、劉勰身世的考證

劉勰的身世，本傳記載不詳，其他史料又極簡缺，致使他的生卒年代、家世經歷、著作時間等重要問題，均有待探索。為了能使人們對彥和生平有一個大概瞭解，「范注」多方考證，細加推算，作成劉氏生平繫年，補充了《梁書·劉勰傳》的空白與不足。從時間上看，范老是現代《文心雕龍》研究者中第一個為彥和立傳的人，他對劉氏身世的考證，在《文心雕龍》研究史上具有開山之功。現據《序志》注6將劉氏生平大事及時間列表如下：

劉勰生平繫年表

年　　代	大　　事
宋明帝泰始元年（西元 465 年）前後	劉勰出生。族人並寄居京口（今江蘇鎮江）。
泰始三年（467 年）左右 ——齊武帝永明元年（483 年）左右	父，劉尚，早喪。奉母家居讀書。
永明二三年（484～485 年）	二十歲左右，母喪。因家貧、居喪，不婚娶。
永明五六年（487～488 年）	二十三四歲，三年喪畢。此正僧祐宏法之時，依之而居定林寺，佐祐搜羅典籍，校定經藏。

〔註27〕 牟世金：《雕龍集》，中國社會科學出版社 1983 年版，第 249 頁。
〔註28〕 牟世金：《雕龍集》，中國社會科學出版社 1983 年版，第 160 頁。

永明五六年 ——齊明帝建武三四年（496～497）	居定林寺近十載。研典校經，撰寫《三藏記》等書，諸功告成。
建武三四年 ——齊和帝中興元年（501 年）	三十三四歲，開始撰寫《文心》，歷三四年，方殺青寫定。時正和帝之世，沈約貴盛時也。
梁武帝天監初（502～503）	三十八九歲，起家奉朝請，開始仕途生涯。（其後經歷，本傳有載，故范注略其有而補其無。）
天監十二年（513 年） ——十五年（516 年）	剡山石城寺大石佛像始造並完成。彥和為之作碑銘。
天監十六年（517 年）冬十月	上表建議二郊農社改用蔬果。
天監十七年（518 年）	僧祐卒於建初寺，弟子正度立碑頌德，彥和為之制文。奉敕與慧震在定林寺整理佛經。
梁武帝普通元年（520 年） ——二年（521 年）	理經畢功，在定林寺出家，未期而卒。終年五十六七歲。

　　表中所列大事與年代，基本上經受住了時間的考驗，特別是關於劉勰的生年和《文心雕龍》的寫作年代，幾成定說。近年雖也有個別人撰文，提出《文心雕龍》成書梁代說，但言而無證，終未引起學術界的注意和得到多數人的承認。至於劉氏卒年，目前雖有好幾種說法，〔註 29〕但贊成范說的也大有人在。從總體上看，「范注」所作劉氏生平繫年，與楊明照先生的《梁書·劉勰傳箋注》相得益彰，二者可謂有關彥和身世考證中的隋珠和璧。

　　「范注」1925 年由天津新懋印書館，以《文心雕龍講疏》為名刊行，1929～1931 年北京文化學社分上中下三冊出版時更名為《文心雕龍注》。1936 年上海開明書店重出七冊線裝本，1947 年再版，1958 年、1962 年、1978 年、1998 年又由人民文學出版社多次重印，斗轉星移，至今已有 80 多年。在漫長的時間裏，「范注」一直盛行不衰，影響廣被，無論是《文心雕龍》研究者還是一般愛好者，也不管是國內學者還是海外同行，都把「范注」看作權威的讀本，視為必備的參考書。朱迎平在解釋為什麼以「范注」作為《文心雕龍索引》的底本時這樣說道：「范注本至今仍是注釋最精、影響最大且為研究者所必備的通行

〔註 29〕楊明照：《梁書·劉勰傳箋注》認為劉勰卒年當在普通二——四年（西元 521～523 年）；劉汝霖：《東晉南北朝學術編年》認為當在大同四五年（西元 538～539 年）；李慶甲：《劉勰卒年考》則認為當在中大通三、四年（西元 531～532 年），尤以四年可能性大（見《文學評論叢刊》1978 年第 1 輯）。另，楊明照近年也修正了自己的說法，其說與李氏基本相同。

本，所以採用范注本作為底本對於索引的使用還是方便的。」〔註30〕

「范注」雖然出版於三十年代，但至今仍然在諸多《文心雕龍》注本中雄居首席，究其原因，自有其不可廢棄者在。從以上幾章的論述中，不難發現，「范注」在校字、徵典、釋義、錄文以及《文心雕龍》的思想、方法、體系等方面的研究，都有顯著的特點和獨到的貢獻。「范注」雖然以注為主，卻又兼顧校、釋、評、論等方面；雖然以「補苴昔賢」為目的，然又時有創見，自成體系。有了這兩方面遂使「范注」在研究的深度和廣度上，在總結前人以及自我開拓上，都兼而有之。如果要說「范注」是一本與眾不同的《文心雕龍》注本的話，那麼這種不同之處就是「范注」自身所具有的專而不偏、全而不淺、繼承中有創獲的鮮明特色。劉勰曾說：

> 若夫注釋為詞，解散論體，雜文雖異，總會是同。（《文心雕龍·論說》）

> 若大注解為書，可以明正事理。（《文心雕龍·指瑕》）

用之論「范注」，誠哉斯驗。

「范注」博大精深，自成體系，它以一種綜合優勢，超過前人，無愧於《文心雕龍》研究史上的一座里程碑。范老本人也由此成為彥和隔世之知音，《文心雕龍》異代之功臣。

當然，這決非意味著「范注」已經十全十美，應該說，「范注」在各方面都還存在一些不足，諸如校字有妄改之病，徵典有不精之瑕，釋義有不詳之疵，錄文有繁冗之累。對「范注」的這些不足之處，人們自有明察，為之補正者也不乏其人。例如，楊明照先生早在「范注」出版的第二年（1937 年）就發表了《范文瀾文心雕龍注舉正》一文；日本學者斯波六郎也於 1952 年發表了《文心雕龍范注補正》一文，臺灣學者王更生則於 1979 年出版了《文心雕龍范注駁正》一書。〔註31〕然而，「范注」的里程碑地位不僅沒有因此而動搖，反而賴之更加鞏固了。因為三位補正者都是在充分肯定「范注」的價值及其在《文心雕龍》研究史上的特殊地位的基礎上，而為之作了一些補苴罅漏的工作，目的是要使「范注」更臻完善。

〔註30〕朱迎平：《文心雕龍索引·編纂說明》，上海古籍出版社 1987 年版。

〔註31〕楊文載《文學年報》第 3 期，又收入《學不已齋雜著》，上海古籍出版社 1985 年版；斯波文載黃錦鋐編譯：《文心雕龍論文集》，臺灣學海出版社 1979 年印行；王著由臺灣華正書局 1980 年出版。

第六節　「范注」勘誤八則

「范注」所引史料，多非嚴格的原文，其中錯誤甚多，前人已有不少補正，然而問題仍然不少。這裡僅就「范注」引紀評、黃評和李詳補注時出現的一些文字錯誤，作一點勘誤說明，這對人們閱讀「范注」或許不無裨益。

1. 《明詩》「范注」24 引紀評曰：「典字是。曲字作婉字解。」
   按：據盧坤刻「道光十三年兩廣節署」本、《四部備要》本，紀評原文為：「……是清曲，曲字作婉字解。」人民文學出版社「范注」本誤將「曲字是」排為「典字是」，查開明書店本則不誤。

2. 《詮賦》「范注」33 引紀評曰：「洞見癥結，針對當時以發揮。」
   按：節署本、備要本皆作「針對當時以發藥。」開明本、人文本均誤作「針對當時以發揮」。

3. 《銘箴》「范注」33 引紀評曰：「此為當時惟趨詩賦而發，……」
   按：節署本、備要本皆作「此為當時惟趨詞賦而發」。詞通辭，辭賦，文體名。開明本、人文本均以「詞賦」誤為「詩賦」。

4. 《史傳》「范注」47 引紀評曰：「……似不必改作素臣。」
   按：據節署本、備要本，紀評原作「似不必定改素臣」。開明本、人文本均將「定改」誤為「改作」。

5. 《養氣》「范注」9 引紀評曰：「……彼疲困紛擾之餘……」
   按：節署本、備要本皆作「彼疲困躁擾之餘」。開明本、人文本俱誤作「紛擾」。

6. 《誄碑》「范注」27，范曰：「紀評曰：……」
   按：據節署本、備要本，此條為黃叔琳評語。范以為紀評，誤。

7. 《雜文》「范注」22，范引黃叔琳曰：「凡此數子，總難免屋上架屋之譏。」
   按：查節署本、備要本，黃評原作「屋下架屋」。范引有誤，見《世說新語・文學篇》、《顏氏家訓・序致篇》。另，《文心雕龍・通變》「范注」19 有彥和「非教人屋下架屋，類比取笑也。」此處則不誤。

8. 《書記》「范注」28，范引李詳補注：「是不重楨之為文，……」
   按：李氏補注原文為：「是不重楨之文」。文見《李審言文集》（上），第 204 頁，江蘇古籍出版社 1989 年版。范引衍一「為」字。

第三章　論楊明照的《文心雕龍校注》

　　楊明照（1909～2003），字弢甫，四川大足人。30 年代初入重慶大學學習，在詞學家吳芳吉的啓沃之下開始接觸《文心雕龍》；1936 年秋又入燕京大學研究院深造，接受郭紹虞的指導，致力於《文心雕龍》的研究。1937 年發表《范文瀾文心雕龍注舉正》一文，[註 1] 這是楊先生研究《文心雕龍》的最早成果；1958 年出版的《文心雕龍校注》（古典文學出版社，以下簡稱《校注》），是他早年研究成果的集中體現。此後，他對《文心雕龍》的校注工作從未停歇，屢屢對原校注進行拾遺補正，分別於 1983 年出版《文心雕龍校注拾遺》（上海古籍出版社，以下簡稱《拾遺》），2000 年出版《增訂文心雕龍校注》（中華書局，以下簡稱《增訂》），2001 年出版《文心雕龍校注拾遺補正》（江蘇古籍出版社，以下簡稱《補正》）。楊先生的《文心雕龍》研究以這四部專著爲代表，其整個研究過程大致可分成三個階段：30 年代至 50 年代，是以《校注》爲標誌的積累整合階段；60 年代至 80 年代，是以《拾遺》爲標誌的增補發展階段；90 年代以後，是以《增訂》與《補正》爲標誌的修訂、集大成階段。此外，楊先生還撰寫了大量的「龍學」論文，用以探討劉勰的生平和思想、考辨文本的版本和字詞、研究《文心》的理論和問題。總之，楊先生一生兀兀窮年，於「龍學」一門勤耕不已，從 1931 年開始接觸《文心》到 2001 年《補正》一書出版，歷時整整 70 年，在「龍學」研究史上樹起了一座豐碑，被稱爲「龍學泰斗」。

〔註 1〕　文載《文學年報》第 3 期，後又收入作者《學不已齋雜著》，上海古籍出版社
　　　　1985 年版。

第一節　《文心雕龍校注》四書的版本變遷

楊先生《文心雕龍》校注四書的出版，前後歷時近半個世紀，其間增刪損益頗多，變化發展也很大。下面對四書的版本變遷情況略作說明，以便讀者瞭解與利用。

《校注》1958 年由上海古典文學出版社出版。是書以養素堂本黃叔琳《文心雕龍輯注》爲底本，封頁題標「劉勰著，黃叔琳注，李詳補注，楊明照校注拾遺」。全書內容分爲卷首「梁書劉勰傳箋注」、「正文校注」、「附錄」、「引用書目」、「後記」五個部分。正文校注部分，先錄《文心雕龍》各篇原文，次錄黃叔琳「輯注」與李詳「補注」，最後殿以先生自己的「校注拾遺」。該書貢獻有三：一是首次完整地徵錄了李詳補注全文，使廣大「龍學」愛好者在「補注」很難見到的情況下，得以窺其全貌；二是補「范注」之罅漏，校字徵典更精更細且多發前人所未發；三是附錄「劉勰著作兩篇」、「歷代著錄與品評」、「前人徵引」、「群書襲用」、「序跋」、「版本」六項材料，以見《文心雕龍》在歷史上的流傳與影響，並給研究者提供相當多的便利。

《拾遺》1982 年由上海古籍出版社出版，是書對原《校注》的增補發展最爲明顯。全書取精用弘、斷語精審，參校各種版本、校注本 60 種，引用文獻 600 多種，補充了許多新的研究成果，增加了大量新的參考資料，對前人校注中的疑難訛誤也多有補正。其內容分「書影」、「前言」、「正文校注」、「附錄」、「引用書目」五個部分。正文校注部分略去《文心雕龍》原文，也不再過錄黃叔琳「輯注」與李詳「補注」，而是將先生原來的「校注拾遺」部分大量增補（約增加了五分之二）修改後獨立成書；附錄則由原來的六項，擴展爲九項，將長期積累的歷代「著錄」、「品評」、「采摭」、「因習」、「引證」、「考訂」、「序跋」、「版本」、「別著」等材料分別輯錄，搜羅完備，幾近一部《文心雕龍》影響與接受史；又將原來卷首的《梁書劉勰傳箋注》增補了二分之一內容，置於正文末（即《序志》篇後）；引用書目也比原來多了近兩倍。

《增訂》分上、下冊，2000 年中華書局出版發行，內容分「書影」、「前言」、「梁書劉勰傳箋注」、「正文校注」、「附錄」、「引用書目」六個部分，其中「書影」、「前言」、「梁書劉勰傳箋注」、「正文校注」爲上冊，「附錄」與「引用書目」屬下冊。正文部分體例同於《校注》本，爲方便閱讀，重又過錄《文心雕龍》原文、黃叔琳「輯注」及李詳「補注」，繼以自己經過增補訂正的「校注拾遺」。《增訂》本可看作楊先生《文心雕龍》校注方面一個集大成的本子。

　　《補正》2001 年由江蘇古籍出版社出版，這是楊先生近年來對《拾遺》「正文校注」中漏誤者經過增改補充、修訂調整後，單獨成書的本子。卷首自序云：「余雅好《文心雕龍》，不揣固陋，強作解人。最初撰就之《校注拾遺》，曾多次增訂；嗣後弋釣者日益加多，擬分別作補正之用，或補或正，惟求其當。今另寫清本出版，就正於海內外『龍學』專家。」是書正文部分只有《文心雕龍》各篇篇題和先生自己的校注，體例同於《拾遺》而略去「附錄」，與《增訂》本「正文校注」略有差異，可參看。與他本不同，該書行文中的書名、人名、地名、朝代名均有符號標識，所有引文一律加引號，既利於讀者辨識，也使文本更加規範，如「荀子正論篇」、「堯咨四嶽」、「魏元丕碑」，以直線標識人名、地名、朝代名，以波浪線標識書名。

　　楊先生兀兀窮年，於「龍學」一門勤耕不已，從 1931 年開始接觸《文心雕龍》到 2001 年《文心雕龍校注拾遺補正》一書出版，歷時整整 70 年。其中用力最勤、創獲最多的當在校注方面。先生補苴罅漏、糾正訛誤、提要鉤玄、更新結論，取得了許多度越前賢的成就。以《文心雕龍》校注四書為代表，楊先生的《文心雕龍》研究，大體上經歷了三個階段，呈現出一個不斷增補修訂、完善校注的發展過程。

　　20 世紀 30 年代至 50 年代，是以《校注》為標誌的積累整合階段。據該書《後記》記載，作者 30 年代初在重慶大學讀書時，就對《文心雕龍》發生極大的興趣，以其為主攻方向。「研閱既久，覺黃、李兩家注實有補正的必要。偶有所得，便不揣固陋，分條記錄。後得范文瀾先生注本，歎其取精用弘，難以幾及；無須強為操觚，再事補綴。但既已多所用心，不願中道而廢，於是棄同存異，另寫清本。以後如有增補，必先檢范書然後載筆。不到三年，又積累了若干條。」1935 年秋，重慶大學併入四川大學，作者成為川大學生，繼續鑽研《文心雕龍》。1936 年夏，作者將其研究成果清寫成冊，作為大學畢業論文，題目就是《文心雕龍校注拾遺》，當時畢業論文的指導教師龐石帚先生看後非常讚賞，給這篇論文打了滿分～100 分。同年秋，作者入燕京大學研究院，「在導師郭紹虞先生指導下，仍繼續這方面的研究。多方參稽，所得比過去稍多」。〔註2〕1939 年夏，完成其碩士學位論文。然而，直到 1957 年，作者才在師友的鼓勵下，將其學位論文刪改修正，配以《文心》原文和黃《注》李《補》，顏其書曰《文心雕龍校注》，交古典文學出版社，次年正式出版。

〔註2〕　楊明照：《文心雕龍校注》，上海古典文學出版社 1958 年版，第 471 頁。

該書以作者大學和研究生兩個階段的畢業論文爲基礎，歷 20 餘年的積累與修訂，最終整合而成，代表了作者早年《文心雕龍》研究的水平。《校注》出版後，立即引起海內外的重視。臺灣世界書局、河洛書局，香港龍門書局相繼翻印或影印。日本著名漢學家戶田浩曉教授在《大安》雜誌（1960 年第 12 期）上發表《讀楊明照氏的〈文心雕龍校注〉》一文，謂楊氏「在校注上，發前人未發的卓見隨處可見」，並認爲該書與「范注」一樣，「確是戰後乃至民國以來《文心雕龍》研究中不可多得的名著，這是誰也無法否認的」。〔註3〕

　　20 世紀 60 年代至 80 年代，是以《拾遺》爲標誌的增補發展階段。楊先生嚴於律己、淡泊名利，在榮譽和成績面前，不是心滿自得，而是多談不足與遺憾。正是這種學無止境的探索精神，使得先生的「龍學」研究總是迎難而上、不斷前進。據《拾遺‧前言》所云，作者對原《校注》甚爲不滿，認爲當時「因腹笥太儉，急就成章，疏漏紕繆，所在多有，久已不愜於心。十年動亂的後期，居多暇日，遂將長期積累的資料分別從事訂補。志趣所寄，雖酷暑祁寒，亦未嘗中輟。朱墨雜施，致書眉行間無復空隙。因另寫清本，繼續修改抽換，定稿後將『校注拾遺』與『附錄』獨立成書。」這就是《拾遺》一書的由來。該書後出轉精、勝義紛披，確爲《文心》校注方面的扛鼎之作，出版後受到海內外「龍學」研究者的高度評價。香港《大公報》曾發表專文介紹，認爲這是楊教授繼《校注》之後，積 40 餘年功夫而成的碩果，解決了某些千古疑難，具有很高的學術價值。臺灣學者王更生認爲，「這是楊氏嘔心瀝血之作。在《文心雕龍》研究上，爲後人樹立了一個新的斷代」。國內學者則將此書譽爲「研究《文心雕龍》的『小百科全書』」，無愧爲「譽滿中外的洋洋巨著」。〔註4〕

　　20 世紀 90 年代以後，是以《增訂》和《補正》爲標誌的修訂、集大成階段。《文心雕龍》是楊先生一生魂牽夢縈、揮之不去的情結所在。1980 年夏，《拾遺》一書交上海古籍出版社出版後，先生「隨即著手理董《抱朴子外篇校箋》定稿」，但心裏仍然惦記著《拾遺》的修訂完善工作，所謂「且繕寫，且翻檢，無日不涉獵四部有關典籍。凡可補正《文心雕龍校注拾遺》的資料，

〔註3〕　戶田浩曉：《文心雕龍研究》（曹旭譯），上海古籍出版社 1992 年版，第 289、
　　　　285 頁。戶田浩曉教授評介文章的中譯文又載曹順慶編：慶祝楊明照教授八十
　　　　壽辰紀念文集——《文心同雕集》，成都出版社 1990 年版。
〔註4〕　參見曹順慶編：《文心同雕集‧代序》，成都出版社 1990 年版。

皆一一存錄」。﹝註5﹞弋釣既久，所獲漸多。1995 年北京《文心雕龍》國際學術討論會上，楊先生提交了《〈文心雕龍校注拾遺〉補正》的文章，﹝註6﹞選刊 71 則補正，以質並世之研治《文心》者。如此日積月累，終於蔚爲大觀。2001 年出版的《補正》一書，集中了先生在《文心雕龍》50 篇文本校注修訂方面的最新研究成果和心得。

與此同時，楊先生還一直在考慮重注《文心》之事。1984 年，《拾遺》出版後不久，他就揭出「重新校注文心雕龍的初步設想」：第一，廣泛收集與《文心雕龍》直接有關而又可以作《注》的資料；第二，刊誤正訛，力求允當，儘量避免繁瑣和隨便移動篇章、輕率改字；第三，徵事數典，務期翔實，切忌望文生訓或郢書燕說，更不能張冠李戴；第四，引文必須規範化，一字一句都要照原書逐錄（必要時可酌用省略號和括弧），但不闌入作家長篇作品，引用的書應遴選較好版本；第五，分段和標點，參考國內外專家論著，擇善而從；第六，全書格式要一律，《注》的號碼標在當句右上角，正文及《注》均用繁體字繕寫；第七，書成，應列一「引用書目」殿後。1988 年廣州《文心雕龍》國際學術討論會上，他又針對「范注」的不足，作了《文心雕龍有重注必要》的發言，﹝註7﹞從「底本不佳」、「斷句欠妥」二十個方面，對「范注」進行舉正。重注《文心》，洵非易事。臺灣「龍學」家王更生認爲：「此論雖屬草創，但以先生學而不已的精神，知難而進的毅力，再加上他腳踏實地的工夫，運用切實可行的方法，定能在耄耋之年，達成預期的理想。爲《文心雕龍》研究的史乘，樹立一塊嶄新的豐碑。」﹝註8﹞此言所論，誠哉斯驗！1996 年，在歷時 15 年完成《抱朴子外篇校箋》後，楊先生「又賈餘勇重新校理劉舍人書，前著之漏者補之，誤者正之；《文心》原文及黃、李兩家注，亦兼收並蓄，以便參閱，名曰《增訂文心雕龍校注》」。﹝註9﹞2000 年，《增訂》一書正式出版，是年先生九十有一，正所謂「耄耋之年」。該書內容全面，考訂周詳，從劉勰生平家世考證到《文心》思想理論研究，從文本字句校注到各類材料附錄，融於一爐，悉萃於是，可謂先生 70 年《文心雕龍》研究的集大成之作。

﹝註5﹞　楊明照：《增訂文心雕龍校注·前言》，中華書局 2000 年版，第 19 頁。
﹝註6﹞　該文載《文心雕龍研究》第二輯，北京大學出版社 1996 年版。
﹝註7﹞　該文載饒芃子主編：《文心雕龍研究薈萃》，上海書店出版社 1992 年版。
﹝註8﹞　王更生：《歲久彌光的「龍學」家——楊明照先生在「文心雕龍學」上的貢獻》，臺灣文史哲出版社 2000 年版，第 9 頁。
﹝註9﹞　楊明照：《增訂文心雕龍校注·前言》，中華書局 2000 年版，第 19 頁。

楊先生之前,《文心雕龍》校注方面,最早有宋朝辛處信的《注》(已亡佚),後有明王惟儉《訓故》、梅慶生《音注》、楊升菴《批點》,清黃叔琳嫌其未備,於是持眾本比對,親施校勘,其《輯注》是集前人校注精華的善本,在有清一代頗為稱善,後范文瀾仍覺黃本頗有紕繆,未厭人心,起而補苴罅漏,重注《文心》。「范注」被譽為「是不能否認的《文心雕龍》注釋史上的劃時代作品」。〔註10〕而楊先生認為:「范《注》是在黃《注》的基礎上發展起來的,固然提高了一大步,有很多優點;但考慮欠周之處,為數也不少。」〔註11〕因此,他強調《文心雕龍》有重注的必要,並以畢生的精力從事《文心》的校注拾遺和修訂補正工作。前修未密,後出轉精。先生終於以《校注》、《拾遺》、《增訂》和《補正》四部專著,在《文心雕龍》研究史上樹起了一座豐碑。

第二節 《文心雕龍校注》對自身不足的修訂

楊先生自稱雅好《文心雕龍》,用畢生心力從事於《文心雕龍》的校注工作,從大學時代直至耄耋之年,他孜孜不倦,時時弋釣,先後出版了《校注》、《拾遺》、《增訂》和《補正》等四部著作,不斷增加校注之條目,補充校注之材料,訂正校注之闕誤,使自己的校注成果日臻完善。

一、增加校注之條目

沈括《夢溪筆談》說,校書如掃塵,隨掃隨生。楊先生也一再聲稱自己「強為操觚,再事補綴」,隨著研究的循序漸進,隨著校注方法的逐步完善和文獻資料的日積月累,一些舊時尚未發現或付以闕如的問題,必能獲得新的突破,楊先生四部專著中注釋條目的遞增就是其表現之一。為方便起見,此處只取《校注》、《拾遺》與《補正》三書相比對,如《拾遺》本在《校注》本的基礎上多出注釋六百多條;《補正》本又在《拾遺》本的基礎上多出一百多條。在這些新增條目中,有的是前未出校而後增補的,有的是前未出注而後增補的。

(一)前未出校而後增補的

如《原道篇》「而年世渺邈」句中「渺」字,《校注》本並未出校,《拾遺》

〔註10〕 戶田浩曉:《文心雕龍研究》(曹旭譯),上海古籍出版社 1992 年版,第 30 頁。

〔註11〕 楊明照:《文心雕龍有重注必要》,載《文心雕龍研究薈萃》,上海書店出版社,1992 年版。

本補之曰：「渺，宋本、鈔本、活字本、喜多本、鮑本《御覽》引作『眇』。按以《諸子篇》『鬼谷眇眇』，《序志篇》『眇眇來世』例之，『眇』字是。『渺』爲『眇』之後起字。」先生利用對校法和本校法，校定「眇」字是，並進一步指出「渺」爲「眇」之後起字。又《時序篇》「何范張沈之徒，亦不可勝也」句，范文瀾疑「勝」字下脫一「數」字，對此，《校注》本與《拾遺》本均未論及，而《補正》本於所引范注之後另按云：「『勝』下並無脫字。以《風骨篇》『筆墨之性，殆不可勝』例之，即何范張沈所作，並不易超越之意。《子苑》引同。」正文未脫而范氏以爲脫，先生運用本校法和他校法正之。再如《體性篇》「並情性所鑠」句中「鑠」字，《校注》本無校，《拾遺》本首引元本、弘治本、活字本等作「爍」，另行別起先生按云：「《孟子・告子上》：『仁義禮智，非由外鑠我也，我固有之也。』趙注：『仁義禮智，人皆有其端，懷之於內，非從外消鑠我也。』此『鑠』字義當與之同。作『爍』非。」

（二）前未出注而後增補的

如《神思篇》「神思」一語，《校注》本沒有爲之作注，《拾遺》本先生按云：「曹植《寶刀賦》：『擬神思而造象。』《宗炳別傳》：『（《畫山水序》）萬趣融其神思。』」並以小字夾註，說明曹植《寶刀賦》：「擬神思而造象」爲「神思」二字之最先見者。到了《補正》本出，更是增加了多條注文，錄之如下：

> 按曹植《寶刀賦》：「規圓景以定環，擬神思而造象。」（《初學記》二二、《御覽》三四六引）此蓋「神思」二字連文之最先見者。《三國志・蜀書・杜瓊傳》：「（譙）周曰：『……由杜君之辭而廣之耳，殊無神思獨至之異也。』」又《吳書・樓玄傳》：「（華覈上疏）宜得閒靜，以展神思。」《晉書・劉寔傳》：「平原管輅嘗謂人曰：『吾與劉潁川兄弟（寔與弟智）語，使人神思清發，昏不假寐。』」《宗炳別傳》：「（《畫山水序》）聖賢映於絕代，萬趣融其神思。」（《歷代名畫記》六引）《南齊書・文學傳論》：「屬文之道，事出神思。」是「神思」之妙，至精至微，關係作家至巨。故舍人特列爲專題系統論述，以冠下編之首。

此處引用了這麼多典故，不僅是爲了指明「神思」一詞的出處，同時也把「神思」作爲文藝理論範疇的發展軌跡給闡明清楚了，從而把微觀具體的詞語考證與對劉勰文論宏觀整體的把握結合起來。又本篇「是以陶鈞文思，貴在虛靜」，《校注》本無注，《拾遺》本先生按云：

> 《荀子・解蔽篇》：「故治之要，在於知道。人何以知道？曰：『心。』

心何以知道？曰：『虛壹而靜。心未嘗不藏也，然而有所謂虛；心未
嘗不滿也，然而有所謂壹；心未嘗不動也，然而有所謂靜。……虛
壹而靜，謂之大清明。』」足與此語相發。

這裡引《荀子・解蔽篇》語爲之注，以闡發其義，可謂指示關節，切理厭心。
王元化《文心雕龍創作論》辨證劉勰「虛靜」說源於《荀子》「虛壹而靜」而
非老莊之說，正與此合。

　　《頌贊篇》「故漢置鴻臚，以唱拜爲贊」條，《補正》本按云：

《漢書・百字公卿表上》：「典客，秦官，……武帝太初元年更名大
鴻臚。」顏注引應劭曰：「郊廟行禮贊九賓，鴻聲臚傳之也。」胡廣
《漢官解詁》：「鴻，聲也；臚，傳也。所以傳聲贊導九賓也。」

此條《校注》、《拾遺》均無，《補正》本引典作注，闡明其所指，並解釋含義。
後世科舉考試，殿試揭曉時，要在殿前舉行一次唱名典禮，即所謂「傳臚」。

二、補充校注之材料

　　校注材料的補充表現爲具體校注過程中校本、引書的增益。以《原道篇》
「爲五行之秀，實天地之心」條爲例，《校注》本首引黃叔琳校云：「一本實
上有人字，心下有生字。」另行別起先生按云：

元刻本、汪一元本、佘誨本、張之象本、《兩京遺編》本、胡震亨本、
凌雲本、《合刻五家》本、《四庫全書》文津閣本、何允中《漢魏叢
書》本、王謨《漢魏叢書》本、崇文書局本，並與黃校一本同。《禮
記・禮運》：「故人者，其天地之德，陰陽之交，鬼神之會，五行之
秀氣也。……故人者，天地之心也，五行之端也，食味、別聲、被
色而生者也。」爲舍人此文所本。疑原作「爲五行之秀氣，實天地
之心生。」下文「心生而言立」，即緊承「天地」句。《徵聖篇》贊：
「秀氣成采」，亦以「秀氣」連文。陸德明《經典釋義序》：「人稟二
儀之淳和，含五行之秀氣。」又其旁證。

《拾遺》於同條內容，首引黃叔琳校語與《校注》本同，另行別起先生按云：

元至正本、明弘治馮允中本、汪一元本、佘誨本、《四部叢刊》景印
本、張之象本、《兩京遺編》本、何允中《漢魏叢書》本、胡震亨本、
王惟儉《訓故》本、梅慶生萬曆《音注》本、凌雲本、《合刻五家》
本、梁傑訂正本、《秘書十八種》本、謝恒鈔本、《奇賞彙編》本、《漢

魏別解》本、清謹軒本、日本岡白駒本、尚古堂本、《四庫全書》文
津閣本、王謨《漢魏叢書》本、鄭珍原藏鈔本、崇文書局本、《文儷》
十三、《諸子彙函》二四，並與黃校一本同。梅慶生天啓二年校定本，
「人」「生」二字無，各空一格。文溯本無「人」字。吳翌鳳校本作
「人爲五行之秀，心實天地之心。」《禮記·禮運》：「故人者，其天
地之德，陰陽之交，鬼神之會，五行之秀氣也。……故人者，天地
之心也，五行之端也，食味、別聲，被色而生者也。」爲舍人此文
所本。疑原作「爲五行之秀氣，實天地之心生。」下文「心生而言
立」，即緊承「天地」句。《徵聖篇》「秀氣成采」，亦以「秀氣」連
文。《春秋演孔圖》：「秀氣爲人」。《文選》王融《曲水詩序》：「冠五
行之秀氣。」（《漢書·郎凱傳》注引）陸德明《經典釋文序》：「人
稟二儀之淳和，含五行之秀氣。」並其旁證。

《補正》本首引黃叔琳校語與上一書同，另行別起先生按云：

元至正本、明弘治馮允中本、汪一元本、崇海本、《四部叢刊》影印
本，張之象本、《兩京遺編》本、何允中《廣漢魏叢書》本、明王世
貞批本、王惟儉《訓詁》本、梅慶生萬曆《音注》本、凌雲本、胡
震亨本、《合刻五家言》本、梁傑訂正本、《秘書十八種》本、謝恒
鈔本、《奇賞彙編》本、《漢魏別解》本、清謹軒鈔本、日本岡白駒
本，又尚古堂本、《四庫全書》文津閣本、王謨《漢魏叢書》本、鄭
珍原藏鈔本、崇文書局本、《子苑》三二、《文儷》十三、《諸子彙函》
二四並與黃校一本同。梅慶生天啓二年校定本「人」「生」二字無，
各空一格。文溯本無「人」字。吳翌鳳校本作「人爲五行之秀，心
實天地之心。」《禮記·禮運》：「故人者，其天地之德，陰陽之交，
鬼神之會，五行之秀氣也。……故人者，天地之心也，五行之端也，
食味、別聲、被色而生者也。」爲舍人此文所本，疑原作「爲五行
之秀氣，實天地之心生。」下文「心生而言立」，即緊承「天地」句。
微聖篇「秀氣成采」，亦以「秀氣」連文。《春秋演孔圖》：「秀氣爲
人。」（《後漢書·郎凱傳》章懷注，《御覽》三百六十引）《文選》
王融《曲水詩序》：「冠五行之秀氣。」陸德明《經典釋文序》：「人
稟二儀之淳和，含五行之秀氣。」並其旁證。

將《拾遺》本與《校注》本相較，《校注》本於校勘上，使用了元刻本、汪一

元本、佘誨本等 12 種版本,《拾遺》本在《校注》本基礎上補充了明弘治馮允中本、《四部叢刊》影印本、王惟儉本等 13 種版本;在引書上,兩書皆引《禮記‧禮運》爲此句所本;而《拾遺》本又另補充《後漢書‧朗凱傳》注文引《春秋演孔圖》、《文選》王融《曲水詩序》爲其旁證,以坐實其校注之不虛。又,持《補正》與《拾遺》本對照,在校本上,《補正》本補充了明王世貞批本(王批本),並以小字附注:「此書已成海內外孤本」(這是先生晚年在校本方面又一收穫);在引書上新增《子苑》一書。

《補正》本曾多處用到王批本和《子苑》一書,據以校字的尤多,如《徵聖篇》「夫鑒周日月」條,先生校云:

> 「周」,岡本、尚古本作「同」。王批本作「周」。按《諸子篇》贊:「智周宇宙」語意與此相仿,則作「同」非也。《廣弘明集》謝靈運《辨宗論》:「體無鑒周」。正以「鑒周」二字連文。《子苑》三二引作「周」,並可證「同」字之誤。

又《宗經》篇「故論說辭序,則易統其首」條,先生云:

> 「首」,黃校云:「一作『旨』。」

> 按天啓梅本始改爲「旨」。以下文之「發其源」,「總其端」,「爲根」例之,「首」字並不誤。王批本、《子苑》三二引作「首」,益見梅改「首」爲「旨」之非。

《諸子》篇中共有 37 條注釋,其中引用到《子苑》一書的達 14 條之多,除兩處不從《子苑》所引,其餘均據以校正誤字,如「諸子者,入道見志之書」這句話,《拾遺》本與《增訂》本校云:

> 「入」,《玉海》五三引作「述」。按以下「述道言治」證之,《玉海》所引蓋是。

《補正》本校云:

> 「入」,《玉海》五三引作「述」。按元本作「入」;《子苑》三四引同。是「入」字不誤。《玉海》所引蓋涉下文「莊周述道以翶翔」及「述道言治」之「述道」而誤,未可從也。

此處因據新校本元本和新引書《子苑》而改正校注。

又如《程器篇》是討論作家的品德才幹,其中說到「馬融黨梁而黷貨」,「文舉傲誕以速誅」,「仲宣輕脆以躁競」,「孔璋憁恫以粗疏」,「潘岳詭譸於愍懷」,「孫楚狠愎而訟府」,「馬杜之聲懸」,「彼揚馬之徒,有文無質」;先生

於《補正》本中增引《顏氏家訓・文章篇》中 8 條引文，這些引文分別是品評馬融、孔融等人品性氣質的，先生錄之以輔助說明原文，便於讀者更好地理解，現將這八條引文錄之如下：「馬季長佞媚獲誚」；「孔融禰衡，誕傲致殞」；「王粲率躁見嫌」；「陳琳實號粗疏」；「潘岳乾沒取危」「孫楚矜誇凌上」；「仁篤乞假無厭」；「揚雄德敗《美新》」。

同樣的條目，楊先生在每次增補修訂過程中，都力求充實其內容，從而使其校注更加充分，使論證更加完整周詳，具體表現爲如下幾個方面：

（一）補充旁證

有些校注條目，前書雖出校卻並未提供旁證的，後書補足其旁證。如《檄移篇》「訂信愼之心」句中「愼」字，《拾遺》本與《補正》本都認爲應根據《御覽》所引與徐爌所校作「順」，而《補正》本更從反面列舉旁證說明：「前《哀弔篇》『至於蘇愼、張昇』，亦誤『順』爲『愼』，是『愼』、『順』易誤之證。」又《詮賦篇》「即履端於倡序」句，關於「倡」字，《拾遺》本首引唐寫本、元本、弘治本等 24 種版本均作「唱」，又根據《說文・口部》「唱，導也」，《人部》「倡，樂也」，將此處校爲「唱」。這種論證已經很充分了，然而先生精益求精，《補正》本又連續引本書《明詩篇》「韋孟首唱」，《頌贊篇》「唱發之辭」，《雜文篇》「觀枚氏首唱」，《封禪篇》「蔚爲首唱」，《章句篇》「發端之首唱」，《附會篇》「首唱榮華」，說明劉勰《文心》一書屢用「唱」字。這是利用本書他篇來提供旁證的，還有利用類書或關係書來提供旁證的，如《正緯篇》「採摭英華」句中之「採」字，《校注》本校云：

> 採，唐寫本作掇。
>
> 按以《事類篇》「掇摭經史」，「掇摭須核」例之，唐寫本作掇是也。

《拾遺》本校爲：

> 「採」，唐寫本作「掇」。
>
> 按以《事類篇》「掇摭經史」例之，唐寫本作「掇」，是也，《史記・十二諸侯年表序》：「及如荀卿、孟子、公孫固、韓非之徒，各往往掇摭《春秋》之文以著書。」《漢書・刑法志》：「攟（古掇字）摭秦法。」又《藝文志》：「武帝時，軍政揚僕掇摭遺逸，記奏兵錄」並以「掇摭」連文。

《校注》本校「採」爲「掇」，用的是對校法和本校法，《拾遺》本在《校注》

本的基礎上，進一步提供了《文心》以外的文獻資料，證明在劉勰之前，早有人使「捃摭」一詞。

（二）補充訓詁性文字以釋義

楊先生校注《文心》，詞求所祖，事探厥源，四部典籍，任意驅遣；徵故出典的同時，又引訓詁性文字輔釋典故之奧義，深入淺出，明白曉暢，幫助讀者理解。

《時序篇》「六經泥蟠」條，《拾遺》本注：「《法言・問神篇》：『龍蟠於泥，蚖其肆矣。』」《補正》本在《拾遺》本的基礎上更引李注：「惟聖知聖，惟龍知龍，愚不知聖，蚖不知龍。聖道未彰，群愚玩矣；龍蟠未升，蚖其肆矣」，對所出典故進行解釋。

《聲律篇》「夫音律所始，本於人聲者也」句，《校注》本與《拾遺》本僅引《禮記・樂記》「凡音之起，由人心生也；人心之動，物使之然也。感於物而動，故形於聲」注明出處；《補正》本於所引《禮記・樂記》文後，增引鄭注：「宮、商、角、徵、羽，雜比曰音，單出曰聲。形，猶見也。」又「凡音起，生人心者也，情動於中，故形於聲；聲成文，謂之音」，分判了「聲」與「音」各自所指及其區別所在。

《誇飾篇》「夫形而上者謂之道，形而下者謂之器」句，《拾遺》本引《易・繫辭上》「是故形而上者謂之道，形而下者謂之器」明其出語所本；《補正》本明其出處之後，更引孔疏對「道」、「形」、「器」以及「形上」、「形下」逐一解釋。文繁不錄。

（三）引文更加完整

在徵事數典方面，《校注》本與《拾遺》本相對比較簡省，而後出的《補正》本則力求完整。

《檄移篇》「顯其貫盈之數」句，《校注》本未出注，《拾遺》本注云：「《書・僞泰誓上》：『商罪貫盈』。孔傳：『紂之爲惡，一以貫之。』」《補正》本注云：「《書・僞泰誓上》：『商罪貫盈，天命誅之，予弗順天，厥罪惟鈞。』孔傳：『紂之爲惡，一以貫之，惡貫已滿，天畢其命。今不誅紂，則爲違天，與紂同罪。』」

《時序篇》「德盛化鈞」條，《校注》注：「《漢書・馮野王傳》：『政如魯衛德化鈞。』」《拾遺》本同樣引《漢書・馮野王傳》曰：「野王、立相代爲太守，歌之曰：『……政如魯衛德化鈞。』」《補正》本引《漢書・馮野王傳》曰：

「吏民嘉美野王、立相代爲太守，歌之曰：『大馮君、小馮君，兄弟繼踵相因循，聰明賢知惠吏民，政如魯衛德化鈞，周公、康叔猶二君。』」

　　從上面二例可以看出，《校注》本與《拾遺》本引文只求爲原句出典，徵引簡略，而《補正》本引文著眼於一個完整的意群，能說明事情的來龍去脈，讀者能從這一完整意群中更好地把握原句的含義。校字時也有同樣的情況，如《比興篇》「季鷹雜詩云」條，《校注》與《拾遺》均以「覆按其詞，實寫暮春景象」斷定「季鷹雜詩云」應爲「季鷹春詩云」；《補正》本則引出季鷹的具體詩句：「暮春和氣應，白日照園林。青條若總翠，黃花如散金」，以明示於人，季鷹詩確爲寫春景，從而校「雜」爲「春」，免除了讀者翻檢之苦。

三、訂正校注之闕誤

　　除增補外，楊先生在原校注的基礎上所做的另一項工作就是訂正前誤、補止前闕。

（一）訂正前誤

　　《才略篇》「孫楚綴思，每直置以疏通」句，《校注》本按：「『直置』二字當乙，始能與下句『循規』相對」；《拾遺》本則增加多條材料證明六朝「評文論事」皆用「直置」二字，足見爲當時常用語。

　　《養氣篇》「於是精氣內銷，有似尾閭之波」句，《拾遺》本先引兩京本、胡本「波」作「洩」，按云：「洩」字蓋出後人妄改，不如「波」字義長。《補正》本按口：

　　　　「洩」（同泄）字是。《玉篇・水部》：「泄。又思列切。漏也。洩，同上。」《廣韻・十七薛》：「泄，漏泄也。……亦作洩。」上句言「銷」，下句言「洩」，文意始合；聲律亦諧。作「波」非是。《文選》嵇康《養生篇》：「或益之畎澮，而泄之以尾閭。」李注引司馬彪（《莊子注》）曰：「尾閭，水之從海水出者也。」李周翰注：「畎澮，細流也。尾閭，海水泄處也。……如尾閭之泄。」

此處楊先生利用了訓詁、聲律、詞性等理校法，輔以佐證，訂正了前誤。相應地，同篇下句「神志外傷，同乎牛山之木」句，《補正》本也對《拾遺》本作了訂正；《拾遺》本先引兩京本、胡本「木」作「伐」，並按云：「『伐』乃後人妄改，『木』是。」《補正》本則認爲「木」非，作「伐」字是，理由有

二，一是「伐」與上句「洩」皆爲動詞，詞性一致；二是引《孟子·告子上》「牛山之木嘗美矣……斧斤伐之，可以爲美乎？……旦旦而伐之，可以爲美乎？」爲其出語所本。

《知音篇》「魏氏以夜光爲怪石」條，《拾遺》本認爲「氏」當作「民」，始合文意；《補正》本反是，認爲「氏」字不誤，先生按云：

> 「民」字非是。《孟子·公孫丑上》：「宋人有閔其苗之不長而揠之者。」
> 《抱朴子外篇·知止》「宋氏引苗」一語，即本於《孟子》。不作「人」
> 作「氏」，是「氏」與「人」一實。

此處楊先生因找到旁證，證明「氏」即「人」，從而自糾前誤。

然先生的訂正也非字字徵實，泰山不移。例如，《序志篇》「夫有肖貌天地，稟性五才」句，《拾遺》本先引黃校「才」作「行」，並按云：「才、行於此均通，然以《程器篇》『人稟五材』（材與才通）例之，作才是也」。《補正》本先生於所引黃校之後，更據元本、弘治本等二十三種本子均作「行」，又據《荀子·非十二子篇》「案往舊造說，謂之五行」句，楊注釋「五行」即五常，指仁、義、禮、智、信，從而得出「行」字不誤，「此處『肖貌天地，稟性五行』意即『人肖天地之貌，懷五常之性』也」。論者認爲，先生此處仍嫌不足，他並沒有說明《程器篇》「人稟五材」之「材」是否也應改爲「行」。另外，王利器《校證》、徐復《文心雕龍正字》、詹鍈《義證》均認爲作「五才」（「五材」）可通。也許，劉勰之「五才」、「五材」即是指「五行」，不煩更改？

（二）補正前闕

原校注中由於證據不足而存疑的問題，隨著校勘資料的豐富，校勘手法的完備而日漸得以釋疑，這亦是先生在修訂增補階段的一大收穫。

《檄移篇》「移寶易俗」句，《校注》本無此條，《拾遺》本針對徐爌校「寶」爲「風」，先生指出徐校未可從，因爲如果改爲「風」，則與下句「草偃風邁」重複，而《文心》贊文無是例。但先生並沒有接下去證明「寶」之是與非，僅付之以闕疑。《補正》本則通過本校法和理校法解決了這一疑而未決的問題，認爲「寶」字不誤，「寶」喻帝位，「移寶」即改朝換代，並舉《時序篇》「暨皇齊馭寶」爲旁證。

《議對篇》「然仲瑗博古」條，《校注》本校云：「瑗，宋本《御覽》五九五引作援；梅本改作遠，按《後漢書·應劭傳》：『劭字仲遠。』章懷注：『謝承書曰：《應世譜》並云字仲遠，《續漢書》、《文士傳》作仲援，《漢官儀》又作仲瑗，

未知孰是？』據此，應劭之字，諸書已不一致，舍人原從何書作，實難斷定；然瑗、援形近，必有一是，似不必僅據范書遽改爲遠也。」《拾遺》本同於《校注》本，都對應劭之字持保留態度，到了《補正》本，這一問題始得解決：

> 應劭之字，仲瑗、仲援、仲遠不一致；章懷注范《書‧劭傳》，亦未定其孰是孰非。惠棟《後漢書補注》云：「《劉寬碑陰》有故吏南頓應劭仲瑗，洪適云：『《漢官儀》作瑗。』《官儀》既劭所著，又此碑據，則知遠、援，皆非也。」是舍人此文之作仲瑗，信而有證矣，《水經河水注》東阿縣下引應仲瑗曰：「有西故稱東。」亦作仲瑗。可資旁證，不必僅據范《書》遽改爲「遠」也。

《校注》本與《拾遺》本都由於證據不足，只推到「瑗」、「援」形近，諒有一是；《補正》本則根據惠棟《後漢書補注》與《水經‧河水注》，在眾多資料中披荊斬棘，證得此處必爲「瑗」字，卻並不迷信《後漢書‧應劭傳》。

《附會篇》「夫才量學文，宜正體制」句，范注曰：「量疑當作優，或繫傳寫之誤，殆由學優則仕意化出。」先生《范注舉正》文按：「疑原作量才學文，傳寫者偶倒耳！《體性》『才有天資，學慎始習』，文意與此略同。」《拾遺》據《御覽》所引，認爲當作「童」字，「量」其形誤，並舉《體性篇》「故童子雕琢，必先雅製」爲旁證。此處范注和先生《范注舉正》都沒有直接依據可校止「量」字，故稱「疑當作」或「疑原作」，到了《拾遺》本，先生從《御覽》中發現引文，加以《體性篇》爲旁證，從而推斷此「量」應作「童」才是，此乃從他校法中取得的新突破。

第三節　《文心雕龍校注》對前人缺漏的補正

在楊先生之前的《文心》校勘史上，黃叔琳《文心雕龍輯注》與范文瀾《文心雕龍注》曾先後獨領風騷，成爲號令一時的權威著作。在權威的盛名之下，先生並沒有止步，而是在自己的「龍學」專著中精研故訓，博考事實，頻頻釐正前人之謬誤，補訂前人之疏漏。

一、正前人句讀之失當

楊先生認爲，閱讀古書，標點正確與否關乎對文意的理解，不可小視。

《時序篇》「盡其美者何乃心樂而聲泰也」12 字，「范注」本，莊適《選

注》本，趙仲邑《譯注》本，均於「何」下加問號，「也」下加句號。先生認爲此 12 字乃緊承上文「有虞繼作，政阜民暇，『熏風』詩於元后，『爛雲』歌於列臣」四句而來的讚美之辭，應於「者」下加逗號，「也」下加感歎號，讀成「儘其美者，何乃心樂而聲泰也！」並引《史記》、《漢書》、《三國志》、《說苑》、《風俗通義》、《中論》、《世說新語》等書中「何乃」連文十例做爲佐證，認爲若范注所斷，則「搖曳語氣，便索然寡味矣。」此後詹鍈《義證》亦列舉了古書中大量「何乃」連文的例證，王利器《校證》、祖保泉《解說》等都如先生所斷句，而且從語氣上琢磨，「儘其美者，何乃心樂而聲泰也！」確實勝於「儘其美者何？乃心樂而聲泰也。」說明先生之說不無道理。

《誄碑篇》「在萬乘則稱天以誄之」9 字，「黃注」，「范注」皆斷一句，楊先生依唐寫本，於「在」前增「其」字，並於「乘」下加逗號，另舉《詔策篇》「其在三代，事兼誥誓」，《檄移篇》「其在金革，則逆黨用檄」，《章表篇》「其在文物，赤白曰章」句法相同爲證，認爲如此斷句，文勢較暢。此句王利器《校證》、詹鍈《義證》、祖保泉《解說》都同於先生，因爲唐寫本有「其」字，又有《文心雕龍》他篇大量內證，故此處於「在」前增一「其」字不爲妄增，既有「其」字，自然於「乘」不加逗號，方能合乎文勢。

二、駁前人校字之非

校勘古書，最基礎的工作就是校正文字。《文心雕龍》是一部流傳了 1400 多年的名著，在輾轉抄刻過程中衍生了脫漏訛變等各種各樣的錯誤，儘管前人和時賢在這方面做了大量的工作，楊先生仍以爲「落葉尙未掃淨，還得再事點勘」，將抉發糾正前人之非作爲其工作之一。

《聲律篇》「聲非學器也」之「學」，黃、范兩家均校爲「效」，先生認爲「學」字不誤，因爲從訓詁角度看，《廣雅‧釋詁》三：「學，效也。」再以本書《物色篇》「嚶嚶學草蟲之韻」相比證，足以證「學」字不誤。

《體性篇》「辭爲膚根，志實骨髓」條，范注：「膚根，『根』當作『葉』」。先生按：

> 「膚根」於此，義不可通。改「根」爲「葉」，恐亦非舍人之舊。《文子‧道德篇》：「以耳聽者，學在皮膚；以心聽者，學在肌肉；以神聽者，學在骨髓。」《淮南子‧原道篇》：「不浸於肌膚，不浹於骨髓。」《漢書‧禮樂志》：「夫樂本情性，浹肌膚而藏骨髓。」又《董仲舒

傳》:「仲舒對曰:『……故聲發於和而本於情,接於肌膚,藏於骨髓。」
《抱朴子外篇‧辭義》:「屬筆之家,亦各有病:……其淺者,則患
乎妍而無據,證援不給;皮膚鮮澤,而骨鯁迴弱也。」皆用人體為
喻,以「肌膚」、「皮膚」與「骨髓」或「骨鯁」對舉,示其淺深之
異。則此《贊》亦當如是。《辨騷篇》:「觀其骨鯁所樹,肌膚所附。」
《附會篇》:「事義為骨髓,辭采為肌膚。」正以「肌膚」與「骨髓」
或「骨鯁」對,則此處之「膚根」,當作「肌膚」,始合文意。「根」
字蓋涉篇中兩「根」字而誤。

范文瀾將「根」改為「葉」,「膚葉」連用實不多見,又無旁證,恐立不住腳。
楊先生通過大量的典故徵引,得到校勘上的外證,又以本書《辨騷》《附會》
兩篇作為內證,層層畢剝,步步樹立,證明古人常用人體為喻,以「肌膚」、
「皮膚」與「骨髓」或「骨鯁」對舉,示事物淺深之不同,從而斷定此處之
「膚根」當作「肌膚」,結論是可信的。

　　同上篇「泛巧朱紫」條,范注:「朱紫,當作青紫。」先生在《范注舉正》
一文中說:「范氏不知何據云然。《詮賦篇》:『如組織之品朱紫』。《定勢篇》:
『宮商朱紫』。亦並以『朱紫』連文。」並於《拾遺》、《增訂》、《補正》本中,
進一步揣度范注的用意:此與《詮賦篇》「組織之品朱紫」、《定勢篇》「宮商
朱紫」之「朱紫」,皆僅就其不同之色言,非關正色與間色也。若謂「朱」字
不倫類,而改為「青」,則「青」又何嘗不是正色?為了進一步說清問題,先
生於《情采篇》「間色屏於紅紫」條中對正色與間色各自所指予以辨別,轉《御
覽》所引環濟《要略》云:「正色有五:謂青、赤、黃、白、黑也。間色有五:
謂紺、紅、縹、紫、流黃也。」因而斷范說為誤校。

　　《時序篇》「薰風詩於元后」句,范注:「詩於元后,疑當作詠於元后。」
先生按:

范說非是,「詩」字自通。《史記‧樂書》:「高祖過沛,詩三侯之章。」
又《司馬相如傳》:「(《封禪文》)詩大澤之博。」其詩字正作動詞用
也。《子苑》三二引作「詩」。

無徵不信,先生不妄下斷語,對文獻資料,又能信手拈來;用實據說明「詩」
作動詞用淵源有自,范說不攻自破。

　　《奏啟篇》「乃稱絕席之雄」條,范注:「絕席,疑當作奪席。」先生《范
注舉正》一文說:「絕奪二字,形不相近,無緣致誤。舍人蓋借用范書『絕席』

之文，以喻其無縱詭隨耳！」《拾遺》以後，先生又補正前說，認爲「絕席」乃爲「專席」之誤，認爲做「奪席」，似仍嫌泛也。「絕席」、「專席」意近，「奪席」意反。「絕席」、「專席」相當於「專座」，以示位尊。黃注引《後漢書·王常傳》：「常爲橫野大將軍，位次與諸將絕席」，章懷注：「絕席，謂尊顯之也。《漢官儀》曰：『御史大夫，尚書令，司隸校尉，皆專席，號三獨坐。』」「奪席」意謂「奪其席」，如范注所引《戴憑傳》：「帝令群臣能說經者，更相難詰，義有不通，輒奪其席，以益通者。憑遂重坐五十餘席。」結合《奏議篇》原文上下文意，義勝者當爲「絕席」或「專席」。

三、明前人引書（文）之不愜文意

所謂引書（文）不愜文意，是指徵事數典與正文不相符，這樣的校注工作，就起不到疏通文意的作用。

《才略篇》「吉甫之徒，並述詩頌」句，先生指出，舍人此句明言「吉甫之徒」，則所指並非吉甫一人之作。而黃、范兩家注都只引吉甫所作《詩·大雅·崧高》、《蒸民》、《韓奕》、《江漢》爲注，顯然於文意未盡。先生根據《毛詩序》補充道：「《公劉》、《泂酌》、《卷阿》皆邵康公戒成王而作；《雲漢》爲仍叔美宣王而作；《常武》爲召穆公美宣王而作；《駉》爲史克頌魯僖公而作。如益以刺詩，作者則更多也。」

《聲律篇》「翻回取均，頗似調瑟。瑟資移柱，故有時而乘貳」句，范注：「『膠柱鼓瑟』，《法言·先知篇》文。」先生認爲，正文只有「調瑟」，「移柱」，並無「膠柱鼓瑟」語，范氏所注，與正文不相應。先生引《淮南子·氾論篇》「譬猶師曠之施瑟柱也，所推移上下者，無尺寸之度，而靡不中音」句爲之注，並以小字引《鹽鐵論·相刺篇》「膠柱而調瑟，因而難合矣」爲附注，所引兩文既與「調瑟」、「移柱」相應，《鹽鐵論》與《淮南子》的成書時間又比《法言》早。

《情采篇》「賁象窮白，貴乎反本」，這兩句話的出處，黃、范兩家都認爲是《易·賁》上九之辭「白賁無咎」，先生以爲黃、范兩家注仍有未盡，先生校：

> 《呂氏春秋·壹行篇》：「孔子卜得《賁》。孔子曰：『不吉』。子貢曰：『夫賁亦好矣，何謂不吉乎？』孔子曰：『夫白而白，黑而黑，夫《賁》又何好乎？』」高注：「賁，色不純也。」《說苑·反質篇》：「孔子卦得《賁》。喟然仰而歎息，意不平。子張進，舉手而問曰：『師聞《賁》

者吉卦，而歎之乎？』孔子曰：『賁非正色，是以歎之。吾思質素，

白當正白，黑當正黑。夫賁又何也？吾亦聞之，丹漆不文，白玉不雕，

寶珠不飾，何也？質有餘地，不受飾也。」舍人之意，殆宗於此。

張少康認為：《易・賁卦》之辭重在講絢爛之極歸於質樸，而楊先生所引材料，意在強調物貴自然，不待外飾。細細考之，先生所引更貼近舍人原意，「因為劉勰的貴本思想，實已包括了華美與樸素之兩端，而不拘執於質樸一途。」〔註12〕

《宗經篇》「故象天地，效鬼神，參物序，制人紀，洞性靈之奧區，極文章之骨髓者也」句，范注引《禮記・禮運》：「孔子曰：『是故禮必本於天，殽於地，列於鬼神，達於喪祭射御冠昏朝聘』」句為其所本，先生認為劉勰《宗經》篇之「經」統指群經，范注引文只論《禮記》，有未愜之嫌，故引《漢書・禮樂志》「《六經》之道同歸，……故象天地而製禮樂，所以通神明，立人倫，正情性，節萬事者也」句及《儒林傳序》「古之儒者，博學乎六藝之文；《六藝》者，王教之典籍，先聖所以明天道，正人倫，至治之成法也」句為劉勰立論所本。細繹《文心》原旨，當以先生注為允當。

四、正前人之失檢

校勘古籍，不管是引書還是引文，都應細檢原著，不可貪圖便宜，因仍他說，似是而非，否則會釀成大謬，貽誤後人。先生在校注《文心》過程中，對前人失檢處多所正謬，如指出范注有 14 處誤紀評為黃評。〔註13〕又，范注自稱依據黃本，然從其《風骨篇》「乃其骨髓峻也」之「峻」字，《通變篇》「臭味晞陽而異品矣」之「晞」，以及《序志篇》「聖人之難見哉」之「哉」字驗之，先生認為范注所依據的底本實為《四部備要》本，因為養素堂原刻本「峻」作「峻」，「晞」作「晞」，「哉」作「也」。范氏之所以有此疏忽，蓋其「錯認顏標，不曾一檢養素堂原刻之過。」更舉數例以析之：

《封禪篇》「錄圖」語，范注：「紀評曰『錄當作綠』，其說無考。」先生引《淮南子・俶眞篇》「洛出丹書，河出綠圖」與本書《正緯篇》「則是堯造綠圖，昌制丹書」均以「綠圖」與「丹書」對，說明紀說無誤，而范氏不檢原書，不通典故，判紀說不誤為誤。

〔註12〕張少康等：《文心雕龍研究史》，北京大學出版社 2001 年版，第 196 頁。

〔註13〕參見楊明照：《范文瀾文心雕龍注舉正》，載《學不已齋雜著》，上海古籍出版社 1985 年版。

《知音篇》「玩澤方美」，關於「澤」字，王謨《漢魏叢書》本及黃校均已作「繹」，范氏仍「疑作『繹』」，其不檢前人校注，乃有後出轉拙之嫌了。

《宗經篇》「夫《易》惟談天……表裏之異體者也。」關於這段文字的出處，范注引「陳（漢章）先生曰：『《宗經篇》「《易》惟談天至表裏之異體者也」二百字，並本王仲宣《荊州文學志》文。』案仲宣文見《藝文類聚》三十八，《御覽》六百八。」先生按云：

> 《類聚》卷三八引王粲《荊州文學記官志》無此文；《御覽》卷六百七所引者亦然。（《御覽》全書中引王粲《荊州文學記官志》止此一處）其卷六百八（此據宋本、鈔本、喜多本及鮑本）引「自夫子冊述」至「表裏之異體者也」一百餘字，明標爲《文心雕龍》，非《荊州文學官志》也。陳氏蓋據嚴輯《全後漢文》爲言；范氏所注出處，亦係迻錄嚴書。皆不曾一檢《類聚》及《御覽》，故爲嚴可均所誤。而嚴可均則又由明銅活字本《御覽》致誤。銅活字本《御覽》卷六百七於引《荊州文學記官志》一則後，即接「夫《易》惟談天……表裏之異體者也」一百八十八字。既有錯簡，又脫書名，嚴可均遂誤爲王粲《荊州文學記官志》中文耳。（《類聚》所引《荊州文學記官志》自「有漢荊州牧曰劉君」至「聲被四字」凡三百二十八字，其文序贊俱全。若參入《文心》此一百八十八字，實不倫類。（張溥《漢魏六朝一百三家集王侍中集》所輯錄之《荊州文學記官志》，即無此段。該書俱在，亦可覆按。）

先生條分縷析，溯源討流，考證到《類聚》卷三八所引王粲《荊州文學記官志》並無此文，宋本、鈔本、喜多本及鮑本《御覽》只有卷六百七一處引到王粲《荊州文學記官志》，其中亦無此文；此段文字僅出現於《御覽》卷六百八，卻明標爲《文心雕龍》。通過梳理，先生得出，嚴可均《全後漢文》由明銅活字本《御覽》致誤，陳漢章又因嚴氏而誤，范文瀾過信第二手資料，不翻檢原著，信手迻錄，遂以訛傳訛。先生辨章學術，考鏡源流，精研覃思，鈎發沈伏，於此可見一斑矣。

五、證成前人之說並補其不足

先生於前人之說未盡處，常補充資料以全之。

《諧隱篇》「尤而傚之」之「而」字，黃叔琳校云，「一作相。」馮舒云：

「相當作而。」先生按曰：

> 「相」字蓋涉下「盛相驅扇」句而誤。黃氏從馮說何校改爲「而」，
> 是也。《左傳》僖公二十四年：「尤而傚之，罪又甚焉。」又襄公二
> 十一年：「尤而傚之，其又甚焉。」當爲舍人所本。

此條黃、范均校爲「而」，對其出處，卻付以闕如，先生尋根究源，探明舍人
出語所本，補充證實前人校字之不妄。

　　《諸子篇》劉勰列舉荀孟等十八家爲晚周諸子之冠冕後，指出要研求諸
家之徑途，循此以往，「則得百氏之華釆，而辭氣文之大略也」，徐烱校圈去「文」
字，范文瀾云：「『文』，疑是衍字。」先生持徐、范之說，並認爲此「文」因
「之」而誤；《論語・泰伯》「曾子言曰：『……出辭氣，斯遠鄙倍矣，』」爲
「辭氣」二字之最先見者；本書屢以「辭氣」連文；《議對篇》「此詔策之大
略也」，《體性篇》「才氣之人略哉」，句法與此同；又《古語大觀》引無「文」
字，均爲此處無「文」之切證。

　　《論說篇》「自論語已前，經無論字」句，范注以前的學者以《尚書》有
「論道經邦」文而批評彥和語失，故而紀昀又說：「觀此，知古文《尚書》梁
時尚不行於世，故不引論道經邦之文，然周禮有論字。」范注始糾正了這些
錯誤觀點，注云：「『論語已前，經無論字』，非謂經書中不見論字，乃謂經書
無以論爲名者也。」范氏認爲，此處「論」字指書名篇名言之，卻並沒說清
何據云然。楊先生持范氏之說，更引典證明「名」與「字」是一對古今字，
具有同一關係：「鄭玄《周禮外史》『掌達書名於四方』注『古曰名，今曰字』；
又《論語・子路》『必也正名乎』注：『古曰名，今曰字。』是『經無論字』，
即經典無論名也。因上『群論立名』句已用『名』字，故改爲『字』字以避
重出也。」讀到此，閱者方豁然開朗，欣然受之。

六、發前人所未發

　　先生在校注過程中，對許多前人所未觸及或不得其解的疑難問題，窮加
考索，旁搜遠紹，常能發他人之未發。如《總術篇》「動用揮扇，何必窮初終
之韻」句，向來不得其解，無人爲之注釋，先生上下參稽，旁證博考，反覆
研求，校云：

> 此文向無注釋，殆書中之較難解者。何焯云：「『揮扇』未詳。」郝
> 懿行云：「按『動用揮扇，何必窮初終之韻』二句未詳。」范文瀾云：

> 「『動用揮扇』兩句未詳其義。」然反覆研求，亦有迹可尋：二語既承上「張琴」句，其義必與鼓琴事有關。《說苑‧善說》篇：「雍門子周以琴見乎孟尚君。……雍門子周引琴而鼓之，徐動宮、徵，微揮羽、角，初終，而成曲。孟尚君涕浪汗增欷而就之，曰：『先生鼓琴，令人立若破國亡邑之人也。』」舍人遣辭，即出於此。如改「用」爲「角」，改「扇」爲「羽」，則文從字順，渙然冰釋矣。

先生認爲，此句既承上「張琴」而來，其義必與鼓琴事有關，於是引《說苑‧善說》篇爲其出處，放之原文，果然文從字順，渙然冰釋，精彩紛呈矣。先生見識廣博，掌握了大量的文獻資料，關鍵時刻，能秘響旁通，召之即來，因此他能從文獻的引證中，得到校勘上的收穫。清盧文弨曰：「文弨於世間技藝，一無所能。童時，喜鈔書。少長，漸喜校書。在中書日，主北平黃崑圃先生家。退直之暇，茲事不廢也。其長君雲門，時爲侍御史，謂余曰：『人之讀書，求己有益耳；若子所爲，書並受益矣！』」〔註14〕此眞乃《文心》受益於先生矣！

對《原道篇》「文之爲德也大矣」句含義的理解，范注云：「《易‧小畜‧大象》『君子以懿文德。』彥和稱文德本此。」先生按曰：

> 范注簡化「文之爲德」爲文德，已覺非是；又謂文德本於「君子以懿文德」，則更爲牽強。因兩書辭句各明一義，本無共通之處。《禮記‧中庸》：「中庸其至矣乎」《釋文》：「一本作『中庸之爲德其至矣乎！』」又「鬼神之爲德其盛矣乎！」《論語‧雍也》：「中庸之爲德其至矣乎！」句法皆與「文之德也大矣」相仿。「文之爲德」不能簡化爲文德，正如「中庸之爲德」、「鬼神之爲德」不能簡化爲中庸德、鬼神德然。朱熹《中庸章句》：「程子（程頤）曰：『鬼神天地之功用，而造化之迹也。』……愚謂『……爲德，猶言性情功效。』」挹彼注茲，甚爲吻合。「文之爲德」者，猶言文之功用或功效也。《隋書‧文學傳序》：「然則文之爲用其大矣哉！」寓意與「文之爲德也大矣」同，亦有力旁證。

「文之爲德也大矣」是統攝《原道》全篇的第一句，正確闡釋其含義關係到對《原道》全篇乃至《文心》全書義理的理解。前人如楊愼、曹學佺、王惟儉、梅慶生、何焯、黃叔琳、紀昀諸家，對這句都避而不談，范注始及，但所釋含義與所引出處均與原文不符。先生利用旁證，從句法上進行類比推論，借用朱熹之說釋「文之爲德」爲「文之功用或功效」，確比范注前進了一步。

〔註14〕盧文弨：《群書拾補小引》，台灣商務印書館 1967 年版，第 1 頁。

　　又《定勢篇》「是楚人鬻矛譽楯，兩難得而俱售也」兩句，黃、范兩家都注明其出處，卻並沒有指出其文詞錯亂之病。先生指出，此二句當做「是楚人鬻矛楯，譽兩，難得而俱售也」，如此方能與上文「似夏人爭弓矢，執一，不可以獨射也」相儷；否則，就與《韓子》「兩譽矛楯」之說相背舛，復與上文「雅鄭共篇，總一勢難」之意不諧，並舉《潛夫論‧釋難篇》中「韓非之取矛盾以喻者，將假其不可兩立，以詰堯舜之不得並之勢」中「不可兩立」意即「難得俱售」，作爲此處文詞錯置的有力旁證。

　　先生校注「字字徵實，不蹈空言，語語心得，不因成說。」〔註15〕且「發前修所未見，每下一義，泰山不移。」〔註16〕故臺灣『龍學』家王更生說：「中外學術界，凡舉范文瀾《文心雕龍注》爲治學津逮者，不可不以先生《校注拾遺》來發伏摘疑，爲療病之良藥也。」〔註17〕

第四節　《文心雕龍校注》對龍學材料的搜求

　　《文心雕龍》在歷史上的影響，遠遠超出了文學理論批評的範圍而遍及經史子集四部，無代無人不引用之。先生《附錄》部分前有「小序」云：「劉舍人《文心雕龍》，向爲學林所重，歷代之著錄、品評，群書之采撷、因習，前人之引證、考訂，與夫序跋之多，版本之眾，均非其他詩文評論著所能比擬。惟散見各書，逐一翻檢，勢難周遍。今分別輯錄，取便省覽，其別著二篇及疑文數則，亦附後備考。」《文心》材料搜求方面，范文瀾、王利器、詹鍈等人，都只重典故徵引、語詞溯源。先生認爲，寫校語、作注釋，求其適當即可，不宜過繁，而纂輯附錄，則以詳贍爲佳。因此，凡與劉勰及《文心》有關的文獻材料，先生都旁搜遠紹，兼收並蓄，並精心梳理，提要鈎玄，分門別類，敘次井然，形成自己鮮明的特色。

一、歷久彌新，日臻完善

　　附錄各類材料，以見《文心雕龍》在歷史上的流傳、影響，是「楊注」一以貫之的優長之處，從《校注》到《拾遺》再到《增訂》，經過幾十年的積

〔註15〕章太炎：《章太炎全集》第4卷，上海人民出版社1985年版，第355頁。
〔註16〕章太炎：《定經師》，載《民報》第十號，1906年2月。
〔註17〕王更生：《歲久彌光的「龍學」家——楊明照先生在「文心雕龍」上的貢獻》，臺灣文史哲出版社2000年版，第35頁。

累與發展，其間有損益，有調整，終於蔚爲大國，形成「龍學」研究的「小百科全書」。《校注》分「劉勰著作二篇」、「歷代著錄與品評」、「前人徵引」、「群書襲用」、「序跋」、「版本」等六項；《拾遺》分爲「著錄」、「品評」、「采撫」、「因習」、「引證」、「考訂」、「序跋」、「版本」、「別著」等九項，其中「采撫」、「因習」、「考訂」是新增專案，檢視其內容，「采撫」中約三分之一內容是從《校注》本「前人徵引」中移入的，「因習」中亦有二十一種書是從《校注》本「群書襲用」中移入的，而《拾遺》本的「引證」即是《校注》本的「前人徵引」。《增訂》本在《拾遺》本的基礎上增加「校記」，即潘重規先生撰寫的《唐寫文心雕龍殘卷合校》，共十項，又在「序跋」一項後增附先生自著《文心雕龍隱秀篇補文質疑》一文。所錄各項在內容含量上，三書是依次遞增的，現將其列表對照如下：

分類	數量　書目	《校注》	《拾遺》	《增訂》
著錄	入總集類	2（種）	3（種）	3（種）
	入別集類	1	2	2
	入集部類	2	2	2
	入文集類	1	2	2
	入古文類	1	1	1
	入詩文名選類	1	1	1
	入雜文類		1	1
	入子類		5	5
	入子雜類	1	2	2
	入文史類	8	9	9
	入文說類	2	3	3
	入詩文格評類		1	1
	入詩文評類	3	17	17
	總　　計	22	49	49
品評	總評全書者	24（家）	61（家）	63（家）
	分評各篇者	28	43	45
	總　　計	52	104	108
采撫			56（書）	58（書）
因習			45（書）	46（書）

引　　證		39（家）	132（家）	141（家）
考　　訂			72（家）	76（家）
序　　跋		31（家）	45（家）	53（種）
版本	已見本	寫　　本	2（種）	8（種）	11（種）
		單刻本	11	22	27
		叢書本	4	10	10
		選　　本	11	13	13
		校　　本		19	19
	未見本	寫　　本	5	5	4
		刻　　本	18	23	16
		校　　本	12	15	14
		注　　本		3	3
總　　計		63	118	117
別　　著		著作 2 篇	著作 2 篇，疑文 5 則	著作 2 篇，疑文 5 則
校　　記				1 種

從表中可以看出，《拾遺》與《增訂》在《校注》本的基礎上做了大量增
補，如「著錄」、「品評」兩項，後二書在《校注》本的基礎上增加了一倍多，
「版本」也幾近兩倍；而「引證」的內容，後二書則是《校注》本的三倍多；
「別著」項中《校注》本沒有輯錄的 5 則疑文，《拾遺》本與《增訂》本均予
以補入。分類上，也有合理調整，如《校注》本「著錄」分為 10 類，《拾遺》
與《增訂》分為 13 類，《校注》本「前人徵引」在後二書中按照徵引的用途
不同被分成「引證」與「采摭」兩項，使分類更為細緻。

二、搜羅齊備，分類細緻

范文瀾、王利器、詹鍈等逐用材料的特點，是輯錄《文心雕龍》所關涉
到的作家作品，期以更好地服務於《文心雕龍》文本的閱讀理解。楊先生則
對《文心雕龍》產生之後與之相關的資料，自梁代至近世，都廣為搜羅，精
心分類，取為「附錄」的材料，為人們研究《文心雕龍》在歷史上的流傳和
影響提供了一個全景視野，具有非常重要的價值。

以《增訂》本為例，整個「附錄」材料分為「著錄」、「品評」、「采摭」、
「因習」、「引證」、「考訂」、「序跋」、「版本」、「別著」、「校記」等十項，這
樣細緻的分類是他人所未曾有過的。王利器《校證》書末亦有「附錄」，卻只

分為「著錄」、「序跋」、「雜纂」三項，而「雜纂」實雜含了品評、采摭、考訂、引證等多項內容；其「著錄」一項只收錄了 16 種書，並無任何分類，先生則抄錄自《隋書·經籍志》以下著錄《文心雕龍》之書共 49 種，不僅數量是王氏的三倍，而且具體分為入總集類、入別集類、入集部類、入文集類、入古文類、入詩文名選類、入雜文類、入子類、入子雜類、入文史類、入文說類、入詩文格評類、入詩文評類等 13 類，這種不同的分類方法「實際上說明了對待《文心雕龍》的不同眼光，又反過來說明了《文心雕龍》本身內涵的豐富性與複雜性」，〔註18〕為後人的「龍學」研究打開了新思路。

品評項，先生認為品評《文心雕龍》者，無代無之，見仁見智，言人人殊，遂搜集自梁至近代品評《文心雕龍》者共 108 家，分為總評全書者和分評各篇者兩類，其中分評各篇者，先生皆為之注明所評篇名，非常方便讀者檢閱。如清劉開有《書文心雕龍後》一文，詹鍈《義證》只摘錄其中闡述「宗經」的有關文字如「伐薪必於昆鄧，汲水宜從江海，此宗經所由篤也」作為《宗經篇》的題解，而劉開此文實為品評《文心雕龍》全書的體例與宏旨，故先生錄入「總評全書」類，更利於讀者窺見劉文全貌。

引證項，自唐劉知幾《史通》以下運用、引申《文心雕龍》之著述者，先生一一迻錄，並加按語。取材十分廣博，幾遍經史子集四部，王更生稱：「明郭子章的《六語諺語序》、清李因篤的《漢詩音注張衡怨篇》、清馬位的《秋窗隨筆》、清曾廷枚的《香野漫鈔史類露布》，以及近人陳漢章的《論語微知錄》等，這些著作大多鮮為人知，或知而不見，或見而未用，先生皆能一一甄擇，取為『引證』的內容。識見之博，此為一斑。」〔註19〕

先生於版本的搜羅整理上用力尤勤。先生云：「《文心雕龍》頗有異本，曾寓目者，無慮數十種、百許部，然多由黃氏輯注本出，未足尚也。余皆一一詳為勘對，亦優劣互呈，分別寫有校記，並識其行款。茲特簡述如後，與研討舍人書者，或不無小補云」。先生對唐以下《文心雕龍》版本之寓目者與未見者廣為搜羅，又歸為寫本、刻本、選本、校本、注本等幾類。傾注了大量心力，以《增訂》本為例，於已見本中收集到寫本 11 種，單刻本 27 種，叢書本 10 種，選本 13 種，校本 19 種，共 80 種；於未見本中計寫本 4 種，刻

〔註18〕張少康等：《文心雕龍研究史》，北京大學出版社 2001 年版，第 196 頁。
〔註19〕王更生：《歲久彌光的「龍學」家——楊明照先生在「文心雕龍」上的貢獻》，臺灣文史哲出版社 2000 年版，第 23 頁。

本 16 種，校本 14 種，注本 3 種，共 37 種，綜計其已見與未見者共 117 種。其中有范文瀾《注》本、王利器《校證》本中未曾寓目的元至正本，此乃海內僅存之最早刻本；有明代的最早刻本，亦今存海內孤本的明馮允中刻本；有世傳極少，不易得見的明王惟儉《訓故》本；有為清代收藏家所普遍珍視的明馮舒校本。這些版本對於《文心雕龍》的校勘工作都有著非常重要的參考價值。尤其是先生所收錄的明徐𤊹校汪一元私淑軒原刻本，已成今世罕見之本，其「名家手迹，歷三百餘年而巋然無恙，尤足珍視」（先生語），從徐𤊹本人之跋語及卷首所輯錄的前人八篇序文推知，徐氏父子（徐𤊹、徐延壽、徐鍾震）收羅了元明兩代各種版刻的《文心雕龍》，他用來校勘的許多版本今已失傳，後人多是根據他所抄錄的序跋，才得知曾有過這些版本。可以說，它為後之研究者透露了些許消息。在如許眾多的版本中，先生家藏 22 種本（包括影印本），包括已見本中的明王世貞批，趙雲龍、沈嗣選校本，此本度藏於日本九州大學，大陸尚無，先生手頭擁有的乃為岡村繁教授所贈影印本；未見本中的明胡震亨本，先生藏有其臨校本。

三、考訂精審，指示關節

先生對輯錄來的材料，除悉心整理分類外，還時或做簡要的評論、注釋或是止，精心考訂其違誤，指示其關節。

校正文字：如「著錄」項中，《隋書·經籍志》集部總集類著錄「文心彫龍十卷」條下，先生以小字附注：「彫為琱文本字，古多假雕為之。」「品評」項中，唐釋神清《北山錄異學篇》「騷宋變於風雅，賈馬揚班，漸變於騷；逮安變乎賈馬」句中「逮」字下，先生以小字夾註曰：「按當作建。」區區一字之校，並非可有可無。

考證違誤：如「著錄」項中，《世善堂書目》集部諸家詩文名選類著錄「文心雕龍二十卷」，先生於此條下以小字附按：「文心向無分二十卷者，陳氏書目多浮增卷帙，此其一也。」「品評」項中，清李義鈞《縉山書院文話序》：「禮經教人，『當其可之謂時』。儒者為文，必蘄其有濟於用。劉彥和為昭明所愛接，崇尚文藝，故有雕龍之作。」先生於此條末附按正誤云：「昭明出世之年，文心書且垂成，李氏說誤。」「序跋」項中，明曹學佺序文中說：「劉勰撰《文心雕龍》五十篇，見於本傳；《文獻通考》諸家，評陟無稱焉。『文』之一字，最為宋人所忌，加以雕龍之號，則目不閱此書矣。」先生以小字夾註認為：「宋

人於《文心》，著錄者八書，品評者七家，采摭者十二家，因習者八家，引證者十一家，考訂者三家，曹氏說非是。」以詳實的證據否定了曹氏之說。

考鏡淵源：如「采摭」項中，先生過錄元潘昂霄《金石例》所引《文心》文後，附按云：「蒼崖（指潘昂霄）所引文心，篇之先後，句之多少，皆沿襲王伯厚《辭學指南》；其不同者，惟增改標題耳。」「考訂」項中，《頌贊篇》「遷、固著書，論贊褒貶。又紀傳後評，亦同其名，而仲治流別，謬稱爲述，失之遠矣」句，近人駱鴻凱《文選學義例》第二認爲：「是史述贊之名，昭明亦承仲治之誤也。」先生按云：「此文係襲其師黃侃說。」指出駱氏之說源自黃侃。「因習」項中，唐孔穎達《尚書正義》之《甘誓正義》有云：「天子用兵，稱恭行天罰；諸侯討有罪，稱肅將王誅」，此條下先生按曰：「文心《檄移篇》云：『天子親戎，則稱恭行天罰；諸侯御師，則云肅將王誅。』沖遠文本此。」

補充注釋：如「序跋」項中，先生過錄明朱載璽序後，鑒於讀者對朱載璽其人不太熟知，附注云：「朱載璽，明宗室，明史諸王傳四：『（憲宗諸子）衡恭王祐木軍，憲宗第七子，弘治十二年，之藩青州。……博雅善文辭。』㘚批校本第一冊附葉其子延壽抄此序，標作『青社誠軒璽信父序。』考青社，即青州；誠軒，號；載璽，名；信父，字也。」「考訂」項中《才略篇》「張衡通贍，蔡邕精雅，文史彬彬，隔世相望」四句，何焯《困學紀聞》云：「世傳蔡邕是張之後身，故云隔世相望。」先生附注：「裴頠《語林》：張衡之初死，蔡母始孕。此二人才貌相類，時人云：『邕是衡之後身。』」其注比何焯更具體明瞭。

校勘版本：先生於每種版本名稱下，都有文字對其收藏、來源、版式等情況作詳細的交代，如「唐人草書殘卷本」條下先生云：

> 甘肅敦煌莫高窟舊物，不幸被帝國主義分子匈牙利人斯坦因劫去，今藏英倫博物館之東方圖書室。自《原道篇》贊「龍圖獻體」之「體」字起，至《諧隱》第十五篇名止。字作草體。冊葉裝，每葉二十行至二十二行不等。卷中「淵」字「世」字「民」字均闕筆。「民」字亦有改作「人」字者。由《銘箴篇》「張昶」誤作「張旭」推之，當出玄宗以後人手。「照」字卻不避。屢以所攝影印本與諸本細勘，勝處頗多。吉光片羽，確屬可珍。實今存《文心》最古最善之本也。

先生詳細介紹了唐寫本的流傳、收藏、殘缺、書法、行次等情況，並考訂它的鈔寫時間，指出它的價值所在，簡明扼要，便於讀者瞭解。

對版本的校勘和考證，先生十分精心用力，如於所收「清翰墨園覆刻芸

香堂本」後，先生云：

> 芸香堂本流傳較少，此本世多有之。（何年覆刻不詳）惟刻印不如原
> 刻，且有誤字，（如《風骨篇》「乃其骨髓峻也」句之「峻」誤爲「唆」，
> 《通變篇》「臭味晞陽而異品矣」句之「晞」字誤爲「晞」字。）蓋
> 校勘不謹所致。范文瀾注即採用此本或《四部備要》本，其例言第
> 一條稱「依據黃本」。不確。

先生勘別了芸香堂本與翰墨園覆刻芸香堂本，進而指出范文瀾誤稱底本。

　　先生校勘版本，正誤存疑，也常有發前人所未發的獨到收穫，如先生指
出涵芬樓影印本非嘉靖刊本，而爲萬曆七年張之象刻本，引起了學界的重視，
後詹鍈等人即從此說。先生又指出錢允治跋文中提到的阮華山所見宋本實屬
可疑，都具有注目之價值。

第五節　其他「龍學」問題研究

　　楊先生致力《文心雕龍》校注工作的同時，於《文心雕龍》理論問題的
研究和相關問題的考釋上也頗多建樹，先後發表過多篇論文，如《從文心雕
龍原道、序志兩篇看劉勰的思想》（1962 年《文學遺產增刊》第 11 輯），《劉
勰論構思》（1962 年《四川文學》2 月號），《劉勰論煉意和煉辭》（1962 年《四
川文學》10 月號），《劉勰卒年初探》（1978 年《四川大學學報》第 4 期），《涵
芬樓影印文心雕龍非嘉靖本》（1979 年《中華文史論叢》），《文心雕龍隱秀篇
補文質疑》（1980 年《文學評論叢刊》第 7 輯），《文心雕龍時序篇「皇齊」解》
（1981 年《文學遺產》第 4 期）等，在劉勰的生平及世界觀，《文心雕龍》一
書的主導思想、《文心雕龍》版本以及《文心雕龍》的單篇研究諸多方面都有
顯著成就。此處擇其要者而析之，藉以蠡測先生研究之大概。

一、關於劉勰生平的考訂

　　誦讀其書，當知其人；然劉勰之身世問題，史料極其簡缺，《梁書》、《南
史》中的《劉勰傳》又語焉不詳。清劉毓崧《通義堂文集卷十四·書文心雕
龍後》一文首先考證了《文心雕龍》成書的時間，范文瀾在劉氏的基礎上，
第一個推算出了劉勰的生平繫年，惜其於資料搜求不多，有些問題未逮細考，
楊先生《梁書劉勰傳箋注》一文，則通過對大量史料的鉤沈，對劉勰的姓名、

家世、思想、不婚娶的原因，劉勰與僧祐、昭明太子、沈約的關係，《文心》成書時間以及劉勰生卒年問題，一一做了詳考。同時《校注》本所附《梁書劉勰傳箋注》（以下簡稱《舊箋》）與《拾遺》本所附《梁書劉勰傳箋注》（以下簡稱《新箋》），又有很大不同，後者在前者的基礎上，作了大量的修訂和增補。如劉勰的卒年問題，《舊箋》將劉勰晚年定林寺撰經時間與僧祐去世時間聯繫起來考察，推證其卒於普通二、三年；而《新箋》則將劉勰晚年定林寺撰經時間與蕭統去世時間聯繫起來考察，推證其卒年爲梁大同四、五年間，其間相差十六載。《新箋》在資料的運用上，也大大超過了《舊箋》，是研究劉勰生平事迹最重要的文章，爲後來的研究者提供了借鑒，打開了思路。現據《新箋》將劉勰世系與生平列表如下：

世系表：齊悼惠王肥──撫──爽──仲道──靈眞──尙──勰

生平繫年表

年　　代	大　　事
泰始二、三年間（西元 466～467 年）	出生，世居京口
永泰元年（西元 498 年）	開始撰寫《文心》
中興元、二年間（西元 501～502 年）	《文心》殺青
天監元年左右（西元 502 年左右）	起家奉朝請
天監三年正月至天監七年十一月（西元 504 年 1 月～508 年 11 月）	於蕭宏府中任記室
天監八年四月後（西元 509 年）	遷車騎倉曹參軍
天監十年稍前（約西元 510～512 年）	任太末令
天監十一年左右至天監十七年左右（約西元 512～518 年）	任蕭績記室
天監十七年八月（西元 518 年 8 月）	上表建議二郊農社祭用蔬果
天監十七年八月後（518 年 8 月後）	遷步兵校尉
中大通三年四月（西元 513 年 4 月）	昭明太子薨
中大通三年四月後（531 年四月後）	受敕於上定林寺與慧震共事撰經
大同四年或五年（西元 538～539 年）	出家並去世

關於劉勰的生年，學界意見分歧不大，關鍵是卒年，分歧較大，先生關於劉勰卒年的考訂成一家之說，具體如下：

（1）依據點

《梁書・劉勰傳》記載：劉勰「撰經證功畢，遂啓求出家，先燔鬢髮以自誓，敕許之，乃於（定林）寺變服，改名慧地，未期而卒」。

（2）依據材料

第一，受命撰經時間：梁武帝中大通三年（531 年）四月昭明太子蕭統卒後。

第二，撰經完成的年份，先生通過考稽釋典來推斷：

宋釋志磐《佛祖統記》：（大同）四年（358 年）

元釋念常《佛祖歷代通載》：辛亥（即中大通三年）

元釋覺岸《釋氏稽古略》：大同二年（536 年）

第三，關於劉勰卒年的材料：史部書中的合傳，率以其人之卒年先後爲序。《梁書・文學傳》中名次，劉勰列於謝幾卿之後、王籍之前，可見他的卒年是介於謝、王二人之間的。首先，先生推得謝幾卿卒年約於大同四年秋冬之際（538 年）；其次，先生推得王籍卒年爲大同二年到大同五年十一月間；最後，劉勰即名厠謝、王之間，其卒年固不應先於謝或晚於王。故而，《佛祖統記》謂劉勰於大同四年出家，當屬可信。又，劉勰從出家到卒歿的時間沒超出十二個月之外，故劉勰之卒年不在大同四年，便是大同五年了，即西元 538－539 年。

二、關於劉勰思想與《文心雕龍》思想傾向的研究

楊先生主張儒家思想是劉勰早年就稟有的一貫主導思想。《梁書・劉勰傳箋注》中說：「舍人篤志好學者，蓋儒家之著作居多。後來撰《文心》以『述先哲之誥』，其《原道》、《徵聖》、《宗經》之濃厚儒家思想，諒即孕育於此時。」劉勰依沙門僧祐，與之居處長達十餘年之久，而又博通經論，竟未變服者，究其原因，先生認爲「蓋緣濃厚儒家思想支配也。」另外，劉勰畢竟生活於釋風熾盛時代，又身處寺廟，因此不可避免地受到佛學的浸染，其思想呈現出儒釋兼融狀態。因此先生將劉勰「不婚娶」的原因歸之於「信佛」。劉勰表薦二郊祭用蔬果一事，先生認爲，「此固風會所鍾，然其信佛之篤，亦可見矣」。關於劉勰撰經證功畢，啓求出家，遁入空門，析其苦衷，先生認爲一方面乃爲其無可奈何之歸宿，另一方面與其信佛之深化分不開。總之，在先生看來，劉勰思想中儒釋兼融，又以儒爲主。而《文心雕龍》一書的思想傾向，先生認爲：「從總的傾向來看，劉勰寫作《文心雕龍》時的主導思想應該是儒家思

想，而且是古文學派的儒家思想。〔註20〕《梁書‧劉勰傳箋注》中也說：「是文心之作，乃述儒家先哲之誥，爲我國古代文論專著。所謂道也，經也，緯也，騷也，皆中夏所有，與梵夾所論述者無關。且其搦筆和墨、尋根索源之日，儒家思想適居主導地位。論文徵聖，窺聖宗經，亦與駁斥《三破論》及爲京師寺塔、名僧碑志制文之意趣不同。故《文心》五十篇之內，不曾雜有佛理。」爲此，先生特撰《從文心雕龍原道序志兩篇看劉勰的思想》一文，以證實其說，在先生看來，《原道》是《文心》開宗明義的首章，《序志》是籠貫群篇的總序，瞭解劉勰的思想和文學觀，這兩篇是主要的考察對象。從《序志》篇看，首先，劉勰寫作《文心》之目的，是爲了留名身後，爲了「騰聲飛實」，使「名踰金石之堅」，先生說他「好名到了這種程度，絕不是一個眞正『無我』的人所幹的」，因此斷定，「劉勰在寫作《文心》時的主導思想就不是把『名聞』看空了的佛家思想而是受了孔子的影響的儒家思想了」。〔註21〕其次，古代儒家都迷信於夢，被他們奉爲經典的《書》、《詩》、《禮記》、《左傳》，都有關於夢的記載；文士中亦流傳著一夢覺來、妙筆生花的傳說，劉勰借夢一方面表示他與文學有緣份；另一方面，先生說他夢隨的偏偏是孔聖人而非「天竺得道者」的佛，「其儒家思想之濃厚，更可概見」。第三，劉勰把聖人與經書的功用說得極其偉大，在全書的篇章安排上，也深受《周易》的影響，說明其「述先哲之誥」的思想是流貫全書的。從《原道篇》考察，先生認爲古人論「道」，各有所指，劉勰所原之道，乃爲自然之「道」；劉勰所謂「道之文」，即「自然之文」；在劉勰看來，道、聖、文的關係是「道沿聖而垂文，聖因文以明道」，故又接二連三地提出「徵聖」、「宗經」。而文源於道的思想，又本於《周易》，《周易》乃儒家學派最古最重要的經典。因此，從總的傾向上看，劉勰寫作《文心》時的主導思想是儒家思想。先生進一步考證：尋繹上下文意，「聖因文而明道」之「聖」，確指儒家聖人，劉勰又屢屢稱美周公、孔子以及伏羲的畫卦、文王的繇辭、孔子的十翼，還引述孔子思想，皆爲明證。另外，從《文心》其他篇目的辭句、主旨方面考索，其主儒思想是始終如一的。

〔註20〕 見楊明照《從文心雕龍序志原道兩篇看劉勰思想》，載《學不已齋雜著》，上海古籍出版社 1985 年版，第 483 頁。

〔註21〕 見楊明照《從文心雕龍序志原道兩篇看劉勰思想》，載《學不已齋雜著》，上海古籍出版社 1985 年版，第 474～475 頁。

　　針對有的學者著眼於《滅惑論》來論證劉勰的創作思想，先生說：《滅惑論》與《文心》在寫作時間和寫作內容上各自不同，其「言非一端，各有所當」，絕不能把《滅惑論》所說之「道」與《文心》所談之「道」相提並論。即使如此，先生《梁書・劉勰傳箋注》又說：「按《文心》全書，雖不關佛理，然其文理密察，組織謹嚴，又與之相關。」即是說，《文心》思想中雖不雜糅佛理，但佛教的思維方式卻潛在地影響到了創作中的組織結構。

三、關於《文心・隱秀篇》補文眞僞問題的考證

　　先生《文心雕龍隱秀篇補文質疑》一文寫於 1980 年 1 月，原載同年《文學評論叢刊》第七輯。在這之前，詹鍈先生獨持異議，撰《文心雕龍隱秀篇補文之眞僞問題》一文，認爲其四百多字補文並非後人僞撰，登於《文學評論叢刊》第二輯上。先生以爲「夷考其實，難於信服」，遂撰寫上文予以辨駁。

　　首先，先生分析了《隱秀篇》補文的三大來源。一、錢允治是《隱秀篇》缺文鈔補的第一人，他從阮華山得宋本。阮本已無從究詰，錢本亦被火化。但仍有兩本幸存，它們是：梅慶生天啓二年第六次校定後重修本（由朱謀㙔寫寄），現藏於北京、南京、天津圖書館；天啓七年馮舒校本，現藏北京圖書館。二、朱謀㙔所見宋本（見徐㶿校本跋文）。三、何煌（字心友）從吳興賈人所得舊本（見何焯校本跋文），何焯所錄《隱秀篇》補文之原本已不可見，但已被黃叔琳《輯注》本迻錄。先生將黃本所補入者與梅慶生天啓重修本、馮舒校本、徐㶿校本仔細對勘，發現僅有個別字句的差異，其餘完全相同，因此斷定：它們的祖本可能是一個，即宋本。但先生並不因爲它們皆出於宋本，就斷定其補文是眞的，緊接著提出質疑：阮氏宋本，只見於錢允治跋文；朱謀㙔所見宋本，只見於徐㶿跋文，而這兩部曇花一現的宋本，不僅明清公私書目未見著錄，其他文獻如序跋、筆記之類，也無一語提及，其來既無蹤，去亦無影，怎能不令人生疑？又詹文說：「阮華山的宋本《文心雕龍》，先歸錢功甫，然後又歸錢謙益收藏，……可能在錢謙益的絳雲樓失火時一併燒掉，所以這個本子以後就不見著錄。」先生指出：詹先生可能錯會了錢允治和馮舒二人跋文的原意。錢允治跋文中有「余從阮華山得宋本鈔補，始爲完書」兩句話，也祇是說他根據阮氏所稱的宋本補全了自己原有的《隱秀》篇缺文，並非說他已得到那部阮本。而錢謙益所收藏的祇是錢允治所抄補的本子，並非阮氏宋本，因此絳雲樓所燒掉的，根本不是什麼阮華山所稱的那部宋本。阮氏宋

本，自錢允治一見後，即已杳如黃鶴，不知去向了。先生還說，錢允治、錢謙益、馮舒、許重熙等都善好藏書，精於校書，然而他們抄補了《隱秀篇》缺文之後，對宋本《文心雕龍》其餘四十九篇並不一一臨校，又唐宋以來，特別是宋明的類書中，對《文心》多有引用，惟獨《隱秀篇》四百多字的補文，從未被人引用。先生對之表示莫大的疑問和不解。如此看來，阮氏所稱宋本的眞相始終是個謎。

先生既已對宋本提出了以上種種質疑，卻並不遽以斷定《隱秀篇》補文爲假，他又結合具體作品作如下分析：從觀點上看，補文中的「嘔心吐膽」、「鍛歲煉年」與其他篇章的觀點不符；從例證上看，《明詩》篇裏既已論述相傳爲李陵、班婕妤所作五言詩爲僞造，補文中卻復舉班氏《怨歌行》、李氏《與蘇武詩》中句子爲例證，前後矛盾。稱呼上也不一致，前班婕妤，後稱匹婦；從體例上看，補文只論詩而不論文，與全書體例不符；從稱謂上看，劉勰除於列朝君主稱諡號或廟號、曹植稱思王或陳思、屈原稱三閭、司馬談稱太史、班姬稱婕妤外，其他的作家都只稱名或字，絕無稱其官名的，而補文稱陶淵明爲陶彭澤，顯然於例不符，又，《文心》中從沒提到陶淵明，此補文卻提及，實爲一破綻；從風格與用字上看，亦與全書殊致。

再回到詹鍈文章中來，詹又認爲補文中「几」、「盈」、「綠」、「爓」、「恒」這幾個缺筆字、異體字，是照著宋本原樣翻刻的，先生則認爲缺筆也好，異體也好，都不能證明《隱秀篇》補文是眞。最後先生指出，明人好作僞書，也愛抄刻僞書，這是人所共知的，《隱秀》篇補文實爲明人僞撰，然其依託者是否即爲阮華山，先生認爲仍有待於繼續考索。

結束語

《文心雕龍》校注方面，自黃叔琳以來，各家的著眼點不盡相同，或重在校，或重在注，難有一部完善的校注本，如黃、范兩家，基本上偏重於注，在文字是正、詞句考索方面，尚有未盡之處。王利器《文心雕龍校證》一書則偏重於校，以期爲《文心雕龍》提供一個定本，故著眼於比類文字異同，而不及典故徵引。楊先生的「龍學」著作以校注並重爲特色，其校其注，在前人的基礎上都有很大發展。如《風骨篇》「固文筆之鳴鳳也」句，先生首揭「筆」字，《御覽》、《辭學指南》、《記纂淵海》七五、《金石例》、《文斷》、《文

通》二一引作「章」，另行按云：

> 《章句篇》「文筆之同致也」，亦以「文筆」爲言，則此「筆」字不
> 誤。《詩・大雅・卷阿》：「鳳皇鳴矣，於彼高岡。」鄭箋：「鳳皇鳴
> 山脊之上者，居高視下，觀可集止。」《文選》何晏《景福殿賦》：「故
> 能翔岐陽之鳴鳳。」又孫綽《遊天台山賦》：「聽鳴鳳之嗈嗈嗈嗈。」

先生或校或注，條理清楚，層次分明，筆觸所到，能使閱讀上的障礙渙然冰
釋。

又同爲《宗經篇》「故子夏歎《書》，昭昭若日月之明，離離如星辰之行」
作注，先生與黃、范兩家明顯不同。黃注：

> 《尚書大傳》：「子夏讀《書》畢，見於夫子，夫子問焉，子何爲於
> 《書》？子夏對曰：《書》之論事也，昭昭如日月之代明，離離若參
> 辰之錯行，上有堯舜之道，下有三王之義，商所受於夫子，志之於
> 心，不敢忘也。」

范注於所轉錄黃注後，曰：

> 郝懿行曰：「子夏歎《書》之言，見《尚書大傳》，而《韓詩外傳》
> 二卷，則稱子夏言《詩》，是知《詩》《書》一揆，詁訓同功，故曰
> 《爾雅》者，《詩》之襟帶。」唐寫本明上有「代」字，行上有「錯」
> 字。《荊州文學志》無「代」、「錯」二字。

先生首引唐寫本有「代」、「錯」二字，並按云：

> 唐寫本是。舍人此語本《尚書大傳・略說》，而《大傳》原有「代」
> 「錯」二字，當據增。《禮記・中庸》：「闢如四時之錯行，如日月之
> 代明。」亦其旁證。

比較而言，黃、范兩家重在注明事典之出處，黃注無校字之語，范注列舉有
「代」「錯」與無「代」、「錯」兩種情況，卻並不定其是非。唯先生利用對校
法與他校法，並增引旁證，既別其異同，又判其是非。

校注精審、論證充分、是正分明，是先生校注的另一重要特色。如《原
道篇》「傍及萬品」之「傍」字，黃、李、范三家均未出校，王利器《文心雕
龍校證》只引何焯校作「旁」，別無他語。先生首錄何焯校本、張松孫本、《詩
法萃編》「傍」作「旁」，此用對校法及他校法；次引《說文・上部》「旁，溥
也」，《人部》「傍，近也」，並說明「近」義於此不通，此用訓詁法校字，理
校也；再引《史記・五帝本紀》、《漢書・郊祀志》、《文選》所載張衡《東京

賦》等書中所用「旁」字，其詞性與此均同，足爲推證此處「旁」字不誤，此爲他校法；最後先生直接對「旁及萬品」釋義：「猶言溥及萬品耳。」先生諸種方法綜合使用，對於一字之校，其用力之勤、態度之愼、方法之全，可見一斑矣。又如《辨騷篇》「每一顧而掩涕」句，范注未之及，黃注僅舉《離騷》「長歎息以掩涕」作注，先生扣住「每」字，以爲僅舉一句以注，尚未盡舍人文意，「當再引《九章・哀郢》『望長楸而太息兮，涕淫淫其若霰；過夏首而西浮兮，顧龍門而不見』四句及《抽思》『望北山而流涕兮，臨流水而太息』二句。」與傳統的隨意興所到、率爾評點的方式不同，先生求全責備，論證完整，步驟周詳。

先生校字的周詳完整，也體現於校勘過程中，不僅定其是非正誤，還分疏其致誤之由。如《祝盟篇》「若夫臧洪歃辭，氣截雲蜺」句，唐寫本「歃辭」作「唾血」，「氣」作「辭」。先生按云：

> 《後漢書・臧洪傳》：「洪乃攝衣升壇，歃血而盟。」《三國志・魏書・臧洪傳》：「（洪）親登壇，歃血而盟。」則此當作「歃血」。《穀梁傳》桓公三年范注「不歃血而誓盟」《釋文》：「歃，本又作唼。」唐寫本蓋先由「歃」作「唼」，後遂訛爲「唾」耳。元明以來各本因脫去「血」字，故移「辭」字屬上，而增一「氣」字以彌縫其闕，於文殊不辭矣。幸有唐寫本可資訂正。

先生對原文致誤的因由和過程以及本該用字情況闡述得一清二楚，來龍去脈，豁然分明，令人信服。又如《詮賦篇》「無貴風軌」條，「貴」，唐寫本作「實」，宋本、鈔本、活字本、喜多本、鮑本《御覽》引作「貫」，倪本《御覽》作「貴」，先生以爲「實」字正確，「貫」乃「實」字脫其宀頭，而「貴」又由「貫」字致誤。

先生校注精審、是正周詳還體現在他有論必有據，不自我作解。如《詔策篇》「漢初定儀則，則命有四品」句，黃校：「疑衍一『則』字，以『定儀』爲讀。」紀昀云：「上『則』字作『法程』解，非衍文。」先生按曰：

> 《御覽》引「則」字不重；「命」字亦無，是也。《章表篇》：「漢定禮儀，則有四品。」與此可相互發明。紀氏故爾立異，非是。

先生本著無徵不信的精神，不迷信，不妄斷，行文立說，必有出處，通過深究博考，細勘精校，往往能得其眞詮。此處利用他校和本校法，破除紀氏之異說。又如同篇「故授官錫胤」句中「胤」，芸香堂本作「允」，范文瀾云：「『允』

當作『胤』。」先生按云：「黃本例避清世宗胤禎諱缺右筆作『胤』，芸香堂本等徑改爲『允』。范謂『允』當作『胤』，似不知其原爲避諱所改也。」確實，范注雖指出了「允」當作「胤」，卻不明其所以，先生正本清源，指出其原爲避諱所改，同時也爲范注所依底本並非黃本提供又一條例證。

正因爲先生持論必有故，所以在另一方面，他不知則闕，不強作解人。如《封禪篇》「然骨掣靡密」句，先生云：「『骨掣』二字不辭，疑當作『體制』。《定勢》、《附會》兩篇並有『體制』之文。」此處「骨掣」二字確實不成詞，然而又無充分的證據說明它當爲「體制」二字，所以先生只說「疑當作」。

又如《議論篇》「弛張治術」之「弛」字，宋本、鈔本、活字本、喜多本《御覽》引作「施」。《子苑》三二引作「馳」。先生按：

> 「施」、「弛」（「弛」爲「弛」之或體）古通。臧琳《經義雜記》言
> 之甚詳。「弛張」二字原出《禮記・雜記》下，然古籍中亦有作「施
> 張」者：《古文苑》孔融《離合作郡姓名字詩》「出行施張」，郭元祖
> 《列仙傳讚》「蓋萬物施張，渾爾而就」是也。《御覽》引作「施」，
> 或《文心》古本如此。

又《練字篇》「傅毅制誄，已用淮雨」句下，吳翌鳳云：「『淮雨』下，當缺王元長《曲水詩序》用『別風』事。」顧廣圻校補「元長作序，亦用別風」八字；盧文弨《鍾山箚記》謂宋本有「元長作序，亦有別風」二句，先生親檢《文選》所收王元長《曲水詩序》，無用「別風」辭句；又顧氏校亦未言所據，盧氏所見宋本又無從問津，故先生「姑存疑俟考。」

先生在注《文心》過程中，還時時對規律性的問題進行抉發，多所創見。他認爲舍人造語用字、行文立說必有出處。在用字方面，舍人用傳紀文，多從別本；措詞方面，全書一律，皆有所本；《文心》釋名，概以二字爲例，如「詩者，持也」，「誄者，累也」；《文心》讚語，無重複用字；《文心》選文稱名，多不著文體，如《鵩鳥賦》稱《鵩鳥》，《洞簫賦》稱《洞簫》等等。王更生先生析之已精，並稱其「發明劉勰行文條例，有凌駕前人的成就」。〔註22〕茲不贅述。

〔註22〕 王更生：《歲久彌光的「龍學」家──楊明照先生在「文心雕龍」上的貢獻》，臺灣文史哲出版社 2000 年版，第 56 頁。